KB264913

참
아름다운
동행

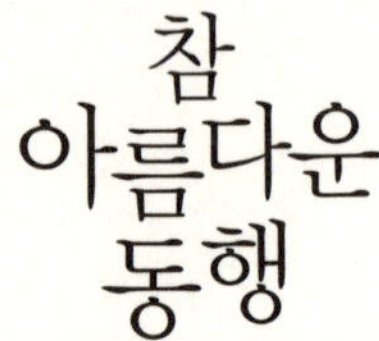

참
아름다운
동행

초판 1쇄 발행 2013년 8월 8일

지 은 이 권희철
발 행 인 권선복
편집주간 김정웅
편   집 신지은
디 자 인 김소영
전 자 책 신미경
마 케 팅 서선교
발 행 처 도서출판 행복에너지
출판등록 제315-2011-000035호
주   소 (157-010) 서울특별시 강서구 화곡로 232
전   화 0505-613-6133
팩   스 0303-0799-1560
홈페이지 www.happybook.or.kr
이 메 일 ksb6133@naver.com

값 15,000원
ISBN 978-89-97580-94-1   13300

도서출판 행복에너지는 독자 여러분의 아이디어와 원고 투고를 기다립니다. 책으로 만들기를
원하는 콘텐츠가 있으신 분은 이메일이나 홈페이지를 통해 간단한 기획서와 기획의도, 연락처
등을 보내주십시오. 행복에너지의 문은 언제나 활짝 열려 있습니다.

참 아름다운 동행

권희철 지음

도서출판 행복에너지

책머리에

　지난 2005년 2월 젊은 부부의 안타까운 죽음에 세상은 온통 애도와 추모의 물결로 가득 찼습니다.

　2005년 2월 9일 밤 9시경 설동월 부부는 고향인 전북 순창에서 설 명절을 지내고 귀경하던 중이었습니다. 앞서 가던 차가 빙판에 미끄러져 중앙분리대를 들이받은 뒤 도로 한가운데 멈추는 것을 보고 급하게 브레이크를 밟았습니다. 설동월 부부의 차 역시 중앙분리대를 들이받은 뒤 중앙분리대와 앞의 차 사이를 아슬아슬하게 지나쳐 설 수 있었습니다.

　부부는 앞차의 승용차 운전자가 자동차 문이 열리지 않아 운전석에 갇힌 채로 간절하게 도움을 요청하는 모습을 보고 차 밖으로 나왔습니다. 위험을 무릅쓰고 사고 차의 문을 열어서 생면부지의 사람을 안전한 곳으로 이동시켰습니다. 그 후 추가적인 대형 사고를 예방하기 위하여 차가 접근하지 못하도록 수신호를 하였습니다. 그러던 중 뒤따라오던 승용차가 이를 발견하지 못하고 그대로 질

주했고, 두 부부는 그 자리에서 목숨을 잃고 말았습니다. 당시 동행했던 3살짜리 어린아이만 남겨 둔 채 부부가 동시에 하늘나라로 간 끔찍한 사건이 있었습니다.

  30대 초반의 젊은 부부의 안타까운 죽음이 기사화되었고, 한동안 국내외적으로 각종 언론과 수많은 네티즌의 추모행렬이 계속되었습니다. 각종 인터넷 포털 사이트에 게재된 내용에는 삼가 고인의 명복을 빌며 두 부부의 죽음이 헛되지 않았으면 하고 위로하고 칭송하는 글들이 이어졌습니다.

  한편 서울시에서는 행위 자체가 큰 귀감이 되고 교훈이 되는 모범행위이므로 이를 세상에 널리 알리기로 하고 주무부처인 보건복지부에 의사자(의로운 죽음)로 지정하여 줄 것을 추천했습니다. 그 결과 2005년 8월 18일에 의사자로 확정되어 인증서를 전달받았습니다. 그동안 각계각층에서 많은 지인이 물심양면으로 아낌없이 성원하여 주셨고, 여러 언론매체에서도 두 부부의 희생정신을 세상에 널리 알리는 데 앞장서서 적극 협조하여 주신 데 대하여 유족을 대표하여 마음속 깊이 감사의 인사를 드립니다.

다행인 것은 당시 두 부부 사이에서 태어난 아들 영환이가 그날의 사고현장에서 천우신조로 생존하여 유족들의 보살핌 속에 건강하게 성장하고 있고, 현재 초등학교에 입학하여 친구들과 잘 적응하고 있습니다. 이후로는 영환이가 부모님의 숭고한 정신을 받들어 고인들이 못다 한 꿈과 유업을 반드시 이어나가도록 잘 양육하겠습니다.

주변의 많은 분과 언론기관에서 아들 영환이의 장래를 위하여 지인들의 뜻을 모아 책을 발간하여 널리 알려 청소년들에게 교훈이 되기를 원했고, 아울러 유족대표로서 이와 같은 살신성인의 희생정신을 그냥 잊고 지내기에는 고인에 대한 예의가 아닌 것 같아서 부족한 글로 집필하게 되었습니다. 아무튼 이 책이 혈육인 영환이를 비롯하여 이 시대를 살아가는 많은 청소년들에게 깨우침을 줄 수 있는 지침서가 되기를 간절히 기도합니다.

참고로 편찬 후의 도서판매대금 중 인세로 인한 수익금은 유족의 뜻에 따라 장학기금 등 생활이 어려운 의사자 유족을 위해 활용할 것임을 밝혀둡니다.

지금도 모든 인터넷 검색창에 '설동월'을 검색하면 당시 상황과 보도내용을 찾아볼 수 있으므로 관심있으신 분은 블로그나 게시판에 살아남은 아들의 장래에 있어 지침이 되는 좋은 글을 올려주시면 후견인과 유가족은 이를 깊이 새겨 시금석으로 삼겠습니다.

– **권희철**(故 설동월, 이진숙 고모부)

서울연합감리교회 담임목사 **김충식 감독**

미국의 유명한 문학평론가인 헨리 루이스는 "참된 신념을 위하여 자기 목숨을 바친다는 것은 확실히 거룩한 일이다."라고 하였습니다.

남을 위하여 목숨을 바쳐 희생하는 일이 쉽지 않은 일인데 젊은 부부가 숭고한 희생정신을 발휘하여 칠흑 같은 어둠 속에서 타인의 생명을 구조하고 대신 자신의 귀중한 목숨을 잃은 감동적인 사실을, 오래전에 언론을 통하여 알게 되었으며 이 책을 통하여 다시 한 번 접하게 되었습니다.

우선 큰일을 하신 젊은 부부가 생전에 하나님을 영접한 기독교인이었다는 사실을 저자에게 듣고, 하나님이 기쁘게 영접하여 큰 면류관을 씌워주셨을 줄로 믿습니다.

나폴레옹이 "위대한 인물은 그 시대를 비추기 위해 찬란하게 빛나는 혜성彗星이다.”라고 말하였듯이, 두 분은 이 각박한 세상에서 불쑥 솟아오르는 일출의 아름다움을 선사하는 귀감이 되었다고 생각됩니다.

당시 고인이 남기고 간 세 살배기 아들이 건강하게 성장하고 있다고 하니 그나마 다행이라고 여겨집니다. 부모님의 위대한 헌신獻身의 유업을 받들어 장차 큰 인물로 장성하기를 기대합니다.

성경 말씀에 “육체와 마음은 쇠약하나 하나님은 내 마음의 반석이시요 영원한 분깃이시라.”(시편 73:26)라고 하신 것처럼, 고인이 되신 두 분이 육신으로 있을 때 무척이나 큰일을 하셨는데 이제 영원하신 하나님 안에 거하면서 행복하시기를 기도합니다.

저자가 집필한 내용을 유심히 읽고 나서 느낀 점은 이 책의 전체적인 표현이 아들에게 주는 교훈임과 동시에, 이 시대를 살아가는 많은 젊은이와 자녀를 양육하시는 부모님께 들려주는 주옥같은 삶의 지침서가 될 수 있다고 판단되므로 많은 독자가 읽고 깨우치는 계기가 되었으면 좋겠습니다.

국회의원 **정세균**

　아름다운 세상을 꿈꾸지 않은 사람은 없지만 세상의 그 어떤 재력이나 권력도 세상을 아름답게 바꿀 수는 없다고 생각합니다. 만약 세상을 아름답게 할 수 있는 방법이 하나 있다면 그것은 바로 '도움주기'일 것입니다. 한 사람이 한 사람에게 도움을 주고, 도움을 받은 사람이 다시 다른 사람에게 도움을 주고, 그것이 우리 사회에 잔잔한 물결을 일으킬 때 우리가 꿈꾸는 아름다운 세상이 실현될 수 있을 것입니다.

　우리는 때로 아주 당연하고 가까운 곳에 존재하는 행복을 보지 못해 멀리서 행복을 찾고 일부러는 아니더라도 나도 모르게 나 혼자만 잘 살면 된다는 이기적인 생각의 포로가 되는 경우가 많습니다. 아마도 아주 오랫동안 경쟁과 효율성이라는 가치가 우리 사회를 지배하다보니, 그 속에 사는 우리는 '남'을 이해하고 배려하는 일에 너무나 인색해지고 있습니다. 결국 나 혼자서는 행복하게 살 수 없는데도 말입니다.

지난 2005년 겨울, 설을 지내고 귀경하던 중 급작스럽게 사고가 난 차량을 목격하고 사고차량의 가족을 살리기 위해 구조활동을 벌이다가 정작 자신들의 목숨을 잃은 故 설동월 부부의 이야기는 선행과 희생정신을 잊고 사는 우리들에게 가슴 뭉클함과 함께 한없는 부끄러움을 남겼습니다. 故 설동월 부부는 사고차량 가족의 생명을 구한 것뿐만 아니라 우리 사회를 지탱하는 데 꼭 필요한 정신적인 가치에 귀중한 생명을 불어넣었다고 생각합니다. 비록 부부의 안타까운 죽음은 많은 이들의 마음을 아프게 했지만 한편으로는 그들의 훌륭한 선행이 진한 감동이 되어 지금까지도 많은 이들에게 귀감이 되고 있다고 생각합니다.

그날 사고 현장에서 기적적으로 위험을 모면한 부부의 아이가 건강하게 성장하고 있다고 합니다. 부질없는 생각일지 모르겠지만 故 설동월 부부가 살아있었더라면 부부는 아이에게 아름다운 세상을 물려주기 위해 선행과 희생의 삶을 살았을 것입니다. 아이를 위해 부부가 이루지 못한 꿈을 이제 살아있는 우리가 지켜주어야 하겠습니다.

국회의원 **강동원**

『참 아름다운 동행』은 비록 가슴 절절한 안타까운 사연이지만 이기심으로 가득한 우리 사회에 경종을 울리고, 가르침과 교훈을 주는 책입니다. 각박한 현대사회에서 보기 드문 살신성인 정신을 보여준 젊은 부부의 의로운 죽음과 세상 사람들의 추모열기, 홀로 남겨진 아이의 성장 이야기가 진한 감동으로 다가옵니다.

지난 2005년 2월, 설 명절을 지내고 귀경하던 중 전북 완주에서 30대 젊은 부부가 빙판길에서 사고차량 운전자를 구하다 질주해 오는 차에 치여 목숨을 잃은 안타까운 사건이 있었습니다.

당시 故 설동월·이진숙 부부는 3살배기 아들과 함께 고향에 다녀오던 중 앞서 가던 차가 빙판에 미끄러지며 중앙분리대를 들이받은 뒤 도로 한가운데 멈추는 사고를 목격하고 곧바로 차에서 내려 생면부지의 사람을 직접 구조했습니다. 하지만 사고차량 운전자를 구하

고, 추가적인 대형사고 예방을 위해 수신호를 하던 중에 뒤에서 달려
온 다른 자동차에 의해 그 자리에서 소중한 목숨을 잃었습니다. 극적
으로 살아난 아이는 할머니와 유족의 보살핌 속에서 건강하게 성장
하여 현재 초등학교에 재학 중에 있다고 합니다.

사고 이후 안타깝고 감동적인 이야기가 각종 언론에 소개되었고
인터넷 등에서 고인들을 향한 추모열기가 가득했습니다. 마침내 보
건복지부는 故 설동월 부부의 살신성인 정신을 높이 인정해 '의사자'
로 지정했습니다. 당연한 결정이라고 생각합니다.

가장 훌륭한 삶을 산 사람은 "살아있을 때보다 죽었을 때 이름이
빛나는 사람이다."라는 말이 있습니다. 故 설동월 부부는 비록 짧은
삶을 살았지만 마지막 가는 길에 너무나도 훌륭한 일을 했으며, 우리
사회를 위해 '아름다운 동행'을 하셨다고 생각합니다. 저자는 이 책을
통해 우리 사회에 소중한 경종을 울린 故 설동월 부부의 고귀한 뜻을
기리고 남겨진 아들에게도 큰 교훈을 주고 있습니다. 고인들의 숭고
한 희생이 많은 사람들의 삶의 지침서가 되기를 기대합니다.

갈수록 양극화가 심화되는 가운데 우리 주변에는 보다 세심하게
돌봐야 할 어려운 이웃들이 참으로 많습니다. 이 감동적인 이야기는
사회적 약자들을 위해 나눔을 실천하고, 이웃과 타인들을 배려하라
는 가르침을 주고 있습니다. 이 책을 통해 봉사하고 헌신하는 이야기
들이 가득한 따뜻하고 훈훈한 사회가 되기를 간절히 소망해봅니다.

제이엠그룹 회장 **정광훈**

이 글은 지난 2005년 2월에 일어난 한 젊은 부부의 의로운 죽음과 그들의 살신성인 정신을 중심으로 내용을 전개한 글입니다.

저자의 추천 요청을 받고 당시 언론 보도 내용을 살펴보았습니다. 당시 설동월 부부는 고향인 전북 순창에서 설을 지내고 귀경하던 중 앞서 가던 차가 빙판에 미끄러져서 중앙 분리대를 들이받은 뒤 자동차가 부서지는 사고를 목격했습니다. 사고차의 문이 열리지 않아 운전자 가족이 차 밖으로 나오지 못하는 모습을 보고는 위험을 무릅쓰고 구조 활동을 하던 중, 뒤에서 달려온 차가 현장을 덮치는 바람에 설동월 부부는 그 자리에서 귀중한 목숨을 잃었습니다.

뒤에서 자동차가 달려오자 안고 있던 세 살 된 아이를 살릴 목적으로 도로 밖으로 던졌고, 천만다행으로 그 아이는 기적적으로 살아서 지금 건강하게 자라고 있다고 합니다.

그 후 두 부부가 살신성인의 정신으로 남을 구조하다가 목숨을 잃었다는 사실이 인정되어 보건 복지부로부터 의사자로 지정을 받았습니다. 그때 살아난 아이는 할머니와 유족의 보살핌 속에서 건강하게 성장하고 있고 현재 초등학교에 재학 중이라고 하니 장차 부모님의 뜻을 받들어 훌륭하게 성장하기를 바라겠습니다.

그 당시 순간적으로 남을 구조하다가 죽을 수도 있다는 예감을 가졌으련만 두려워하지 않고 생면부지의 사람을 구하기 위하여 불기둥 속으로 뛰어든 부부의 희생정신을 높이 평가합니다. 선인장처럼 자기 보호를 위한 가시를 곤두세우고 타인의 위험을 지켜보기만 한다면 우리가 사는 사회는 언제까지나 서로에게 이방인으로 머물게 될 것이며 서로를 감싸는 아름다운 사회가 될 수 없을 것입니다.

故 설동월 부부는 비록 짧은 인생을 살았지만 마지막 가는 길에 나 자신보다 남을 먼저 생각하는 너무도 큰 교훈을 남기고 참 아름다운 동행을 하셨다고 생각합니다.

저자가 집필한 내용의 전체적인 표현대로 이 책이 남겨진 아들에게 삶의 소중한 지침서가 될 뿐만 아니라 인성 교육이 많이 부족한 현실의 젊은이들에게 올바른 삶을 정립할 수 있는 지표가 되기를 기원합니다.

설동월, 이진숙 부부 의사자 추진위원회 위원장

천호동 들꽃향린교회 담임목사 **김경호**

의사자 설동월 부부와 아들을 위한 기도

우리의 삶을 동행하여 주시는 성령 하나님.

살신성인의 정신으로 위험을 무릎 쓰고 남을 구조한 후

귀중한 목숨을 잃은 30대 젊은 부부를 온 국민이 애도했던

2005년 2월 9일 그날의 끔찍한 사건을 상기해 봅니다.

두 분은 평소에도 우리 교회에서 성실하게 믿음생활을 한

훌륭한 성도였는데 마지막 가는 길에도 하나님을 기쁘시게 하는

너무도 큰 희생정신을 발휘하였습니다.

짧은 육신의 삶을 마감하고 하나님 나라로 가셨으니

편히 쉬게 하여 주시고 두 분이 뿌리고 간
아름다운 사랑의 씨앗을 남은 가족과 온 국민이
본받을 수 있도록 도와주소서.

전능하신 하나님 아버지.
고인이 남기고 간 아들 영환이가 부모님의 아름다운 유업을 받들어
큰 일꾼이 될 수 있도록 도와주세요. 영환이가 살아가는 데
장애물이 존재할 때는 하나님께서 손수 치워주시고
의로운 일에 충실할 수 있는 마음과 의지만을 가질 수 있도록
인도하여 주소서. 사랑을 주면 줄수록
더욱 깊은 사랑을 할 수 있다는 지혜를 더욱 허락하시고,
이 세상을 살아가는 동안 지쳤을 때는 용기와 힘을,
낙담과 실패에는 위로와 격려를, 부모님이 그리워질 때는
주님이 함께하셔서 외로움을 달래 주소서.
또한 언제나 섬세함과 부드러움과 친절로 살아갈 수 있도록
변함없는 은혜를 베풀어 주소서.

우리의 구원자 되시는 예수님의 이름으로 기도 드립니다.

경기도의회 의원 **민경선**

2005년은 저에게 특별한 한 해였습니다. 남다른 살신성인의 정신을 보여주었지만 불의의 사고로 세상을 떠난 설동월 씨 부부를 위해 추모콘서트를 준비하고 의사자 지정 추진위원회 간사로 활동했기 때문입니다. 몇 번이고 다시 그때를 떠올려 봐도 분명 제 인생에서 가장 뜻깊은 시간이었습니다.

당시 많은 분들이 뜻을 함께하고 도움을 주셨습니다. 다들 직장이 있고 나름대로 바쁘게 생활하는 분들이셨기에 어려움도 있었지만, 한뜻 한마음으로 묵묵히 각자의 소임을 다했습니다. 누군가에게 도움이 되기 위해 일면식도 없는 사람들이 모여 하나가 되는 과정에서, 우리는 타인을 위한 배려와 희생을 배웠고 그 어디에서도 얻을 수 없는 따뜻한 마음을 나누어 받았습니다. 지금 와서 생각해보면 하늘나라로 가신 설동월 씨 부부와 함께 '참 아름다운 동행'을 했던 것 같습니다.

사실 그때까지만 해도 남을 위해 목숨을 던진 이들에 대한 사회적 관심과 국가적 지원은 많이 부족했습니다. 추진위를 만들어 고인의 의사자 지정을 이뤄낸 것이 제 인생에 있어 가장 행복했고 자랑스러웠던 기억입니다. 많은 사람들의 기억에서 두 부부의 이야기가 희미해질 즈음, 이 책이 나오게 되어 무척 다행입니다. 온 국민이 설동월, 이진숙 부부의 의로운 죽음을 되새기고 '참 아름다운 동행'을 통해 '더불어 사는 세상! 따뜻한 세상!'을 가꾸어가는 계기가 되었으면 합니다. 감사합니다.

"부디 좋은 곳에 가셔서 못다 이룬 생활 꼭 하시고 사랑하는 아들은 하늘나라에서 지켜주세요. 진심으로 존경합니다."

목차

1장 참 아름다운 동행

1. 지구라는 거대한 세상 위에 선 영환에게 · 26

너희 부모님은 참으로 아름다운 동행을 하셨다 · 너희 부모님은 평소 생활 모습도 훌륭하셨다 · 너희 부모님은 의사자라는 것을 꼭 명심하여라 · 할아버지 할머니께 최선을 다하여라 · 어린 이날 너의 마음을 생각해 본다 · 젊음을 귀중히 여겨라 · 어렸을 때부터 독서를 즐기는 습관을 길러라 · 의미 있는 삶을 살도록 하여라 · 예절을 잘 지키도록 하여라 · 종교를 통하여 배려하는 가치관을 터득하여라 · 거짓을 멀리하고 정직하게 살아야 한다 · 근검절약하는 정신을 가져라

2. 세상에 꼭 필요한 존재가 되어라 · 74

친구는 스스로 잘 선택해라 · 친구는 가장 큰 재산이 될 수도 있다 · 대화할 때 상대방의 인격을 존중하여라 · 상대방을 칭찬하는 마음을 가져라 · 실패와 실수를 두려워하지 마라 · 모방은 창조의 기틀이 될 수도 있다 · 옷차림과 용모는 항상 단정히 하여라 · 습관을 바로잡는 데 노력하여라 · 언행은 항상 부드럽고 겸손해야 한다 · 가능한 한 일기 쓰는 습관을 갖도록 하여라 · 기적은 우연히 오지 않는다 · 인내하는 습관을 지녀라 · 시련을 통해 자신감을 가져라 · 자립정신을 가져라

2장 승리하는 삶

3장 각박한 세상에서

참
아름다운
동행

지구라는 거대한 세상 위에 선 영환에게
세상에 꼭 필요한 존재가 되어라
지금부터 스스로 가치를 높여라

저 하늘 별이 되어

- 청라 김상중

내가 죽거든 사람들이여 내게 슬픈 노래를 부르지 마세요.

머리맡에 장미도 심지 마세요.

내 위에 푸른 풀 푸르게 두고 비 맞아 이슬방울 젖게 하세요.

생각이 나면 기억하시고 잊고 싶거든 잊어주세요.

아무 바람 없이 그 흔한 원망도 없이 님의 숨결 아직 들리는 듯하니

시인의 눈물이 되어 메마른 가슴 젖게 합니다.

그날 싸늘히 얼어붙은 길섶에 거짓말처럼 아슬아슬한 삶의 벼랑에서

꽃잎처럼 떨어져 버린 당신의 운명 차마 그것은 바람 속에 흩어져 버린

피의 얼룩, 영웅보다 더 거룩한 성인의 이름이어라.

설동월….

모든 생명의 몸짓이 애달픈 날에 어둠을 밀어낸 촛불처럼

훨훨 타버린 당신의 이름 정녕 하늘에 빛나는 또 하나의

별이 되었다.

님과 함께 살아온 저문 시간들.

실낱같은 목숨 부지하며 비겁한 변명으로 둘러댄 차마 부끄러운

기름진 교만들, 저문 들길에 서서 푸른 하늘 우러러 봅니다.

삶이 곧 죽음이라는 철리를 알고도 죽는다는 것이 사는 것보다

더 힘든 세상에서 그대는 죽어 별이 되었다. 거룩한 운명이 되었다.

얼마나 숭고한 일이냐.

고작 눈물로 보낼 수 없는 떠나지 않는 존재의 의미가 되었다.

뼈에 저리도록 생활이 슬퍼도 좋다.

하늘 아래 사는 나의 거룩한 일과는 하루에 한 번쯤 하늘을 보는 일이다.

드높은 생각만 하고 영환이와 함께 사는 일이다.

꿈에서도 잊지 못하는 당신의 아들 영환이와 함께

님이 살고 있는 하늘 그 아래서…….

〈2005. 9. 9. 설동월, 이진숙 추모 콘서트에서 시인 김상중 씨가 직접 낭독한 시〉

지구라는
거대한 세상 위에 선
영환에게

지금부터 내가 왜 이 책을 쓰지 않으면 안 되는지의 이유와 영환이 네가 세상이라는 거대한 지구 상에서 살아가는 동안 명심해야 할 사항들을 이야기하겠다.

우선 너희 부모님은 세상에 태어나서 웅대한 꿈을 펼쳐보지도 못한 채 비록 짧은 인생을 마감하고 다시는 돌아올 수 없는 머나먼 길로 떠나셨지만, 이승을 떠나는 그 순간 이 사회에 귀감이 되는 정말로 큰 교훈을 남기고 가셨단다.

이제부터 너희 부모님께서 하신 큰일에 대하여 자세하게 기록할 테니, 너는 커가면서 부모님의 거대한 업적에 대하여 항상 머릿속에 기억하면서 살아가기 바란다.

2005년 2월 9일 밤 너희 부모님은 설 명절에 고향인 전북 순창의 조부모님이 계신 곳에서 명절을 지낸 뒤, 당시 3살인 너와 함께 너의 외가인 공주로 승합차를 몰고 이동하던 중이었다.

저녁 9시경 눈발이 날리는 가운데 약간의 빙판길을 가던 중 전북 완주군 구이면 계곡 터널 부근에서 앞서 가던 차가 빙판에 미끄러져 중앙분리대를 들이받는 사고가 났단다. 사고차량 운전자는 문이 열리지 않아 차에 갇혀 나오지 못하고 있었고, 부인이 가까스로 빠져나와 간절히 도움을 요청하고 있었다. 그 모습을 본 너희 아버지는 그냥 지나쳐도 되었으련만 이를 외면하지 못했고, 위험을 무릅쓴 채 차를 세워 사고차량으로 다가갔다. 운전석 문을 두드려 열어서 생면부지의 운전자를 안전한 곳으로 이동하여 구조하였단다.

그 사이 너를 안고 있던 어머니는 사고 차량 뒤에서 계속 달려오는 차에 의해 더 큰 사고를 예방하기 위하여 차가 접근하지 못하도록 수신호를 하고 있었다. 운전자가 구조되어 밖으로 빠져나간 순간 뒤에서 오던 승용차가 빙판길에 미끄러지면서 너희 부모님을 덮친 것이다. 이 사고로 너희 부모님은 동시에 그 자리에서 목숨을 잃으셨단다. 천만다행으로 사고현장에서 너희 어머니는 안고 있던 너를 살리기 위하여 필사적으로 너를 도로 밖으로 던졌는데 그 덕분에 네가 기적적으로 살아나게 된 거란다. 마치 이솝우화에 나오는 이야기의 한 토막인 것 같기도 하지만 다 사실이다.

사고 직후 다음날 언론 보도에는 너희 부모님께서 단순한 수신호를 하던 중에 사고가 난 것으로 보도되었었다. 그런데 너희 아버지가 구해준 분이 뒤늦게 그 사실을 알고 언론사와 경찰 조사에서 자신의 목숨을 구해준 분이 너희 아버지라고 진술하셨단다. 그렇게 너희 아버지가 살신성인 정신으로 구조 활동의 선행을 하다가 참변을 당했다는 사실이 보도되어 세상에 알려진 거란다.

당시 온 신문과 TV 방송 등 언론에는 수차례 걸쳐 너의 부모가 의롭게 목숨을 잃었다는 소식이 전파되었다. 비보를 접한 일가친척은 물론 국내와 재외동포들까지 이구동성으로 네 부모님의 죽음을 아쉬워하며 넋을 위로하고 칭송하였다. 당시의 서울시장(이명박 : 前 대통령)은 이러한 너희 부모님의 희생정신을 보도에서 접하시고 보건복지부에 의사자로 지정해 줄 것을 즉각 추천하셨다. 관련 부처에서 이를 여러 각도로 검토하여 최종 심의한 결과 너희 아버지가 의사자로 결정되었다.

그 후 인터넷상에 너희 부모님을 추모하기 위한 추모 카페도 만들어졌으며 추모 카페 회원들이 '영환이 돕기 자선콘서트'를 개최하는 등 여러 가지 행사도 했었다. 신문사와 각 방송국 등에서도 너희 부모님의 희생정신과 영환이가 사는 모습을 취재하여 수차례에 걸쳐 특집으로 보도하기도 하였단다. 그때는 길을 가다가도 사람들이 너를 마주치면 TV에서 본 그 아이 아니냐고 물으면서 안타까워했었다.

앞으로 네가 더 성장하여 철이 들게 되면 여러 가지로 궁금한 것이 있을 것이다. 우선 '나는 왜 엄마 아빠가 계시지 않을까?'에서부터 말이다.

그때의 궁금함을 조금이나마 미리 알려주기 위해서 내가 이 글을 쓰게 된 것이다. 영환이가 좀 더 성장하여 철이 들 때쯤 쓰려고도 하였으나, 그때쯤이면 내가 너무 나이 들어서 기억이 희미해질 뿐만 아니라 집필에 집중할 정신력이 없을 것 같아서 미리 준비한 것이니까, 이 책이 영환이가 살아가는 데 푯대가 되고 지침서가 되었으면 좋겠다.

● 너희 부모님은 평소 생활 모습도 훌륭하셨다

너희 부모님은 살신성인의 정신으로 구조 활동을 하시다가 아름다운 흔적을 남기고 이 세상을 떠나 다시 돌아올 수 없는 먼 길을 아름답게 동행하셨다.

비록 짧은 순간에 큰일을 하셨지만, 그 일이 전부가 아니란다. 후에 아버지 친구들이 전해준 바로는 시골 출신인 너희 아버지는 평소에도 남을 위해 활동한 흔적이 많더구나.

학창시절에는 학교 내에서 항상 리더가 되어 불우 이웃돕기를 위한 모금활동에 앞장서는 등 베푸는 삶을 실천한 모범 학생이었다고 한다. 또한, 남을 화나게 하기보다는 될 수 있으면 기쁘게 하고 욕을 먹이기보다는 칭찬을 먼저 하고 미워하기보다는 사랑으로 감싸주는 마음, 즉 상대방을 배려하는 마음이 앞섰다고 하더구나. 너도 이다음에 성장하면 알게 되겠지만 사소한 배려가 상대방을 얼마나 감동을 주고 기쁘게 하는 중요한 것인지는 삶을 통해서 스스로 터득하게 될 것이다. 상대방의 단점을 찾기란 쉽지만 우수한 부분과 장점을 찾아서 칭찬하여 주고 기쁘게 해 주는 일은 아무나 할 수 있는 것이 아니란다.

너희 아버지가 평소에도 얼마나 배려하는 정신으로 인간 관리를 해왔는지, 장례식장에 수많은 친구가 원근 각처에서 찾아와 슬퍼하고 격려하는 모습을 볼 수 있었단다. 인덕人德만큼 합리적이고 소중하고 착실한 의지는 없는 거란다. 사람을 끌어올리는 것은 다른 사람의 호의이며 애정이고 선의이다. 마찬가지로 인덕도 노력하지 않고서는 얻을 수가 없는 거란다. 너희 아버지는 비록 짧은 생을 사셨지만, 인덕으로 배려하는 정신을 남겼단다. 그것이 바로 너에게 교훈이 되라는 선견지명으로 깊이 새기거라.

너희 어머니 역시 옛날 말로 충청도 양반이라고 불리던 시골 가문에서 태어나 너희 아버지에게로 시집와서 열심히 살다 가신 자취를 찾을 수 있었다. 고등학교를 졸업하고 결혼 후 배움이 부족하다고 판단했는지 야간 통신대학을 다니셨을 정도로 배움의 열정을 가진 분이었다. 또 자녀교육에 도움이 되고자 했는지 어머니 교양학교에 등록하여 지도를 받아 온 흔적들을 볼 때, 일찍부터 영환이를 훌륭하게 성장시키기 위한 준비가 남다르셨다는 것을 알 수 있었단다. 그 뛰어난 모습이 귀감이 되고 있구나.

식물도 종자가 좋으면 나중에 자라서도 좋은 열매를 맺는 법이다. 영환이가 훌륭한 부모님의 큰 유산을 이어받아 훗날 크게 성공하리라고 믿어 의심치 않는다. 앞날을 살아가면서 최소한 너는 장식이 없는 골조가 되지 말아야 한다. 아름답게 마무리하는 것이 너의 임무이고 세상 사람들의 관심사라는 것을 잊지 마라. 그러기 위해서는 우아함과 소양을 몸에 지녀야 한다. 지금은 작은 너라는 건물이 점차 자라면서 단단한 골조에 아름다운 장식이 겸해지면 얼마나 멋진 건물이 되겠는가를 상상해 보아라.

풍부한 교양과 정확한 판단력, 지식, 능력 등 이 모두가 인간이 가져야 하는 기본 품이다. 내가 너를 건물의 단단한 골조와 장식으로 비유한 것은 이 중에 어느 한 가지라도 부족하다면 이는 장식 없는 골조에 불과하다는 것을 알려주기 위함이란다.

🟢 너희 부모님은 의사자라는 것을 꼭 명심하여라

영환아. 나는 너의 고모할아버지란다.

너희 부모님께서 사고를 당한 후 수습하는 일과 그 두 분의 살신성인의 정신, 숭고한 행동을 증명하기 위해 이를 행정적으로 뒷받침할 일들을 내가 직접 처리했단다. 그간의 경위와 과정을 너에게 알려주겠다.

지난 2005년 2월 9일 늦은 저녁 10시쯤 나는 가족과 함께 TV를 시청하던 중에 끔찍한 전화 한 통을 받았다. 너희 아버지 어머니가 설 명절 후 귀경길에 교통사고로 숨졌다는 소식 말이다. 그것도 한 사람이 아니고 두 사람이 동시에 숨졌다는 소식을…….

그 소식을 듣는 순간 앞이 안 보이더구나. 정말 믿어지지가 않았다. 사실 여부를 확인하기 위해 시골 고향에 전화하여 다시 물어보았단다. 그 와중에 영환이 너는 무사하다고 하더구나.

순간 제일 먼저 염려되는 것이 너희 할머님 내외분이었다. 아닌 밤중에 청천벽력을 당한 너희 할머님 내외분이 온전할 리 없을 것 같아서 확인하였더니 두 분은 이미 실신하여 병원에 이송되었다고 하더구나.

사건이 터진 상황에서 나까지 이성을 잃고 허둥대면 안 될 것 같아서 우선 가해자를 확인하여 보험사에 사고 접수를 하고, 밤이 늦었지만, 너의 부모가 안치된 전주 예수병원으로 달려갔다. 병원 현장에 도착하여 보니 이미 너희 할머니 가족과 외할아버지 가족이 도착하여 있었으며, 양가 가족이 온통 눈물바다를 이루어 차마 눈 뜨고는 볼 수 없는 광경이었다.

밤이 지나고 날이 새자마자 사고 현장을 조사한 전주 북부경찰서를 찾아 사고 경위를 확인했단다. 경찰 기록에는 너희 아버지가 필사적으로 구해 줘서 구사일생으로 살아난 사람이 있다고 기록되어 있었고, 나는 그 사람을 찾기로 하였다.

너희 아버지가 구해드린 분의 성함은 '이석배'라는 분이었다. 그분을 수소문하여 찾아갔고, 겨우 사고 당시 상황을 들을 수 있었단다. 당시 그분이 말하기를 "나는 설동월 씨 아니었으면 지금 살아 있을 수 없습니다. 그분이 내 생명의 은인입니다."라고 진술을 하더구나. 그 순간 나는 '살았다!' 하고 안도의 한숨을 내쉬었고, 곧장 경찰서에 찾아가 정확한 보강 수사를 하라고 요청하였다. 나의 요청대로 경찰은 증인인 이석배 씨를 상대로 다시 조사하게 되었단다. 증인이 진술한 내용이 사실로 확인되자 연합통신과 여러 신문사에서 그 사실을 취재하였다. 그리고 다음날 일간신문에 너희 아버지 사고가 단순한 교통사고가 아닌 살신성인의 정신으로 남을 구조하다가 목숨을 잃은 "30대 부부의 선행"이라는 내용으로 대서특필되었단다.

신문뿐만 아니라 각 방송사에서도 앞다투어 톱뉴스로 그것도 며칠간을 계속 보도하기 시작하였다. 포털 사이트에 홈페이지가 개설되는 등 세상은 온통 너희 부모님의 선행에 대하여 애도하고 추모하는 글들이 줄을 이었다. 신문과 방송국, 인터넷 사이트에서 연이어 보도되자 당시 이명박 서울시장이 이 사실을 접하고, 관할행

정당국(보건복지부)에 의사자로 추천하라고 요청하였단다. 청와대에서도 같은 내용의 검토지시를 내렸다고 하더구나. 의사자 추천을 받은 보건복지부는 사실 여부를 검토하기 시작하였다.

영환이는 약간의 타박상과 정신적인 충격이 있어서 병원에서 치료를 받고 있었다. 네가 입원해 있는 동안 딱한 처지를 알고 사회 각계각층에서 많은 분이 문병하러 다녀갔으며, 방송사에서도 영환이가 입원하여 있는 모습을 취재하여 신문과 TV에 수차례에 걸쳐 보도하였다. 청와대에서도 각별한 관심을 두고 너의 양육과정을 보고받았으며, 금일봉도 하사하셨고 명절 때에는 특별히 선물을 준비하여 보내주기도 했단다. 매년 어린이날이면 청와대에 초청되어 대통령 내외분으로부터 특별 위로를 받는 행사에 참가하는 내용은 너도 잘 알고 있는 사실이란다.

인터넷 사이트에서는 '영환이 돕기 운동본부'가 결성되어 너희 부모님과 영환이 돕기 추모콘서트를 개최하여 모금된 성금을 전달해 주었다. 또한, 조선일보와 한국야쿠르트 회장이 특별히 관심을 표명하여 장학금을 후원해 주는 등 온정을 베풀어 주었단다. 그 외에도 많은 분이 영환이를 위하여 써달라고 정성 어린 마음으로 금품을 전해 주었으니 너는 항상 그분들께 감사한 마음을 간직하고 있어야 한다.

당시 전주연합통신이 주도하여 보도하기 시작하였는데 처음 보도내용은 이렇다.

설날인 지난 9일 밤 전북 완주에서 빙판길 교통사고(연합뉴스 10일 오전 보도)로 숨진 30대 부부가 앞서 발생한 사고의 차량 운전자를 구하려다 참변을 당한 것으로 밝혀져 주위를 안타깝게 하고 있다.

설동월(33, 서울시 천호동) 씨는 이날 오후 9시께 아내 이진숙(30) 씨와 세 살배기 아들과 함께 전북 순창의 고향에 들른 뒤, 처가가 있는 충남 공주로 가기 위해 트라제 XG 승합차를 몰고 순천 - 전주(편도 2차로)의 차로를 달리고 있었다.

눈발이 날리는 가운데 운전을 하던 설 씨는 완주군 구이면 계곡터널 부근에 왔을 때 앞에서 이 모(56) 씨가 몰던 아반떼 승용차가 빙판에 미끄러지며 중앙분리대를 들이받은 뒤 도로 한가운데 멈추는 것을 보고 브레이크를 밟았다. 하지만 설 씨의 차 역시 중앙분리대를 들이받은 뒤 중앙분리대와 아반떼 사이를 아슬아슬하게 지나쳐 설 수 있었다.

사고 직후 차 밖으로 나온 설 씨는 먼저 사고가 난 아반떼 승용차 운전자 이 씨가 자동차 문이 열리지 않아 운전석에 갇혀 있고, 아반떼 동승자 이 모(45, 여) 씨 혼자 밖으로 나와 도움을 요청하는 것을 보게 되었다. 당시 도로는 온통 빙판인데다 제설작업이 안

되어 있어 상당히 위험했기 때문에 안전한 갓길로 피해야 했지만, 설 씨는 이를 외면하지 않고 아반떼 운전석 문을 열어 이 씨를 구조했다. 그 사이 아들을 안고 있던 설 씨의 아내 이 씨와 아반떼 동승자 이 씨는 사고 차량 뒤에서 수신호를 하고 있었다.

아반떼 운전자가 구조돼 밖으로 빠져나오던 바로 그때, 뒤에서 오던 오피러스 승용차(운전자 박 모, 45, 구속)가 빙판에 미끄러지며 이들을 덮쳤다.

이 사고로 설 씨 부부는 그 자리에서 목숨을 잃었고, 아반떼 동승자 이 씨도 크게 다쳐 병원으로 옮겨졌으나 수일 만에 숨졌으며, 설 씨의 세 살짜리 아들은 다행히 오피러스 승용차 밑으로 들어가 화를 면했다.

당시 경찰은 이들이 사고 차량 뒤에서 단순히 수신호를 하던 중에 사고가 난 것으로 알았지만, 아반떼 운전자 이 씨가 뒤늦게 "설 씨가 나를 구해줬으며, 나는 부부가 선행하려다 몸을 던져 살 수 있었다."고 진술함에 따라, 설 씨 부부가 선행하려다 참변을 당한 것으로 사고 경위를 파악할 수 있었다.

설 씨 유족들은 "평소 남을 배려하는 마음이 깊었던 '동월'이가 도움 요청을 그냥 지나칠 수 없었을 것"이라며, "남을 구하려다 목숨을 잃었으니 천국에 가겠지만, 부모 없이 평생을 살 세 살짜리 아이를 보니 불쌍해서 눈물이 난다."며 말을 잇지 못했다.

그 후 서울시와 강동구의 추천으로 의사자 심의를 거쳐 2005년 8월 18일에 보건복지부로부터 너희 아버지의 의사자증서(보건복지부 제236호)를 전달받았단다. 하지만 의사자 증서를 받는 과정이 순탄치만은 않았다. 보건복지부 내에 의사자 지정을 위한 심의위원회가 있는데 심의위원회를 개최(2005. 5. 28)하는 과정에서 자료가 불충분하고 목격자 증언이 명확하지 않아 너희 부모님 안건이 보류된 적도 있었다.

한 가닥 희망이었던 기대가 무너지는가 하여 가슴을 졸이면서 우리 유가족들은 한때 절망감에 빠지기도 하였다. 보류되었다는 소식을 접한 너희 할아버지 할머님은 노심초사하면서 괴로워하셨단다. 그 모습을 본 나는 도저히 그냥 지켜볼 수만 없어서, 궁리 끝에 청와대와 관할 행정부처에 탄원서를 제출하기로 마음을 먹었다. 일단 탄원서를 제출하려면 탄원서 내용을 작성하여 시민으로부터 내용에 동의한다는 동의날인을 받아야 가능하단다. 생각한 나머지 탄원서를 작성하여 동의를 받기 위해 시내 거리로 나서기로 하였다.

광화문 한복판에다 피켓을 세워놓고, 탄원서에 동의해 줄 것을 외치면서 지나가는 시민에게 호소하였단다. 결국, 3일간에 걸쳐 약 8천 명 정도가 동의서에 날인을 해주었다. 많은 시민이 안타까운 사연을 보고 동의해 주었으며, 모 신문사 기자가 호소하는 내 모습을 지켜보더니 바로 내용을 취재하여 신문에 게재한 적도 있었다.

<보도내용>

30대 부부의 안타까운 죽음에 대하여

의사자 지정을 위한 탄원서 제출

지난 2월 9일 설날 밤, 전북 완주군 구이면 국도에서 빙판길 사고로 앞서 발생한 사고 차량을 구하고 대형사고 방지를 위한 수신호를 하다가 두 부부가 안타깝게 숨진 사실이 언론 보도를 통하여 알려져, 서울시에서 설동월 부부의 선행 사실을 인정하여 보건복지부에 의사자로 지정하여 줄 것을 추천한 바 있다.

그 후 담당 부처인 보건복지부는 사후 조사를 하여 이를 5·27자 의사자지정 심의위원회에 상정하였으나, 토론 끝에 차기 위원회에서 재심의하기로 하고 이를 보류하였다. 보류 이유인즉 당시 언론 보도에는 설동월 씨가 앞서 사고가 난 차량 운전자가 차 안에서 나오지 못하여 설 씨 도움으로 차 밖으로 빠져나오는 순간 뒤에서 오던 차가 덮쳐서 부부가 사망하였다고 보도되었으나, 추후 보건복지부에서 조사한 바는 구조한 3~4분이 경과한 후에 뒤에서 차가 덮쳤다 하여 논란이 되었다고 한다.

그러나 처음에 진술한 목격자와 추가로 가해자가 진술한 내용에 따르면 "설동월 씨가 1차로에서 앞서 사고가 난 차량의 운전자를 구조해준 뒤 뒷수습(수신호 등)을 하지 않았다면 오히려 더 큰 인명피해 사고가 났을 것이 틀림없다"는 사실을 증언함에 따라, 오히려 설 씨 부부는 의사자 지정이 당연시 본받아야 한다고 주장하고 있다.

만일 설 씨 부부가 뒤에서 수신호를 하지 않았다면 앞서 사고 난 차가 1, 2차로에 서 있었으므로 뒤차가 사람을 덮치지 않고 자동차를 받았다면 탑승자 4인 가족이 모두 죽었을 것이라는 주장이다. 즉, 뒤차 가해자 탑승자를 구해준 격이므로 생명의 은인이라는 것이다.

설동월 부부가 자신의 위험을 무릅쓰고 선뜻 나서 사고 피해자를 구조해 준 사실이 인정되어 서울시와 청와대에서 의사자로 추천된 후 유가족은 슬픈 마음속에서도 다소의 위로를 받던 차에 지난 5·27자 회의에서 지정되지 않고 차기 회의로 연기되자 허탈감에서 벗어나지 못하고 있으며, 차선책으로 유족과 주위 사람들의 뜻을 모아 정부에 탄원서를 내기로 하였다고 한다.

차기 위원회가 3개월 후에 개최된다고 하니 부디 재심의 회의에서는 유가족의 아픈 마음을 달래줄 수 있도록 좋은 결론이 나오기를 기대한다.

신문지상에 위 내용이 보도된 후 많은 네티즌이 의사자 지정에 대한 간절한 마음을 담아 사이트에 올려주셨고, 언론 기관들은 관계 부처에 지정 여부를 확인하는 등 많은 협조를 해주었단다. 여러 사람의 노력에 힘입어 너희 아버지가 드디어 의사자로 지정되었다. 하지만 우리 유족으로서는 만족할 만한 소식이 아니었단다.

너희 아버지와 어머니가 같은 날 같은 장소에서 구조 활동과 사고 예방 활동을 동시에 하다가 희생을 당했는데, 한 사람만 의사자로 지정하고 한 사람은 지정하지 않은 사항에 대하여 형평성 부분에서 도저히 납득할 수 없었던 것이다.

우리 유족으로서는 그냥 수용할 수 없어서 대책을 숙의한 끝에 변호사를 선임하여 행정 소송을 제기하기로 하였다. 선임된 변호사도 사건이 충분히 승소할 수 있다고 하기에 희망을 품었었는데, 법원의 판결은 각하(내용에 관한 판단 없이 종료)한다고 통보된 것이다. 각하의 이유인즉 의사자 지정통보를 받은 날로부터 행정법에서 지정한 90일이 지났기 때문에 제소기간(3개월)을 준수하지 않았다는 이유만으로 각하한다는 내용이었다.

의사자 인정 사유는 충분하나 단지 제소기간을 준수하지 않았다는 이유만으로 각하한 것은 행정조치법에 명시한 대로 부득이한 경우 제소기한이 경과하여도 인정할 수 있지 않으냐고 관할 법원에 항의하였더니, 억울하면 항소하라는 말로 답변을 회피하더구나.

당시 몇 개월 동안 너희 집안일로 시간을 빼앗겼기에 의사자 지정을 받은 후 '천천히 제소해도 되겠지.' 하고 소송을 늦게 제기한 내 책임이 크다. 하지만 우리 이렇게 생각하자. 너희 어머니가 아버지와 똑같이 구조 활동한 사실은 인정되었는데 다만 제척기간 때문에 인정을 받지 못했다면 행위 자체는 너희 어머님도 의사자이므로 지정받은 것이나 다를 바가 없다는 사실이다. 바뀌지 않는 사실이니 이를 위안 삼아 마음을 정리했으면 좋겠구나.

'사필귀정事必歸正'이라는 말이 있다. 모든 일은 반드시 바른길로 돌아간다는 뜻이다. 너희 어머니의 숭고한 정신도 먼 훗날 많은 사람에게 알려져 칭송받게 될 날이 반드시 올 것이라고 믿는다.

내가 유족을 대신하여 나름대로 최선을 다한다고 발 벗고 나섰지만, 만족할 만한 결과를 얻지 못하여 미안하구나. 하지만 나는 영환이를 앞으로 계속 지켜보면서 훌륭하게 성장하도록 뒤에서 혼신의 노력을 다할 것이다. 그리고 영환이가 부디 건강하게 자라고 의사자의 아들답게 훌륭한 사람이 되어달라고 간절히 기도할 것이다.

최근 의사자에 관한 법률이 바뀌어서 의사자의 유족이 의사자의 유해를 국립묘지에 안장할 것을 신청하면 정부는 그 뜻을 받아들여 국립묘지에 안장할 수 있다고 하더구나. 앞으로 너희 할아버지와 의논해서 이장하려고 한단다. 부부는 동시에 안장할 수 있다고 하니 그 또한 다행스러운 일이라고 생각한다.

🟢 할아버지 할머니께 최선을 다하여라

'청천벽력靑天霹靂'이라는 말이 있다. 하늘이 맑게 갠 날은 도저히 벼락이 칠 수 없는 날임에도 벼락이 치는 것을 칭하여 청천벽력이라고 한다.

너희 할아버지 할머니가 바로 청천벽력과 같은 상황을 겪게 된 것이다. 너희 부모님은 사고를 당하시던 날 아침에 고향에서 설 명절을 잘 지내고 세배도 하고, 안녕히 계시라는 작별인사도 하고 고향을 떠났는데, 그로부터 불과 몇 시간이 경과하여 경찰서로부터 아들 부부의 사망사고라는 끔찍한 소식을 접하게 되었다.

소식을 접한 그날 나는 너희 부모님 고향에 있지는 않았지만 후에 들은 소식에 의하면 할머니 할아버지가 완전히 실신한 상태에서 병원으로 이송됐다고 하더구나. '슬프고 참담한 소식에 얼마나 놀라셨으면 듣는 순간 쓰러지셨을까?' 하는 생각에 가슴이 뜨거워졌단다.

장례를 치른 후 한참이 지나서야 몸을 가누실 수 있었고, 영환이가 천우신조로 살았다는 이야기를 듣고 나서 겨우 안도하시더구나. 그러니 명심하여라. 바로 네가 할아버지 할머니의 희망이란다. 하지만 자식을 잃은 부모의 마음은 항상 허탈할 수밖에 없다. 앞으로 보이지 않는 끝없는 인고忍苦의 날을 보내시게 될 할머니 할아버지께 영환이가 버팀목이 되어주었으면 한다. 너희 부모님께서 마지막 가는 길에 너를 기어이 살려놓은 것도 바로 그런 이유에서 일 것이다.

내가 이 글을 쓰는 이유도 너에게 그런 당부를 하기 위해서다. 이 책은 네가 나이 들어서 충분히 이해할 때쯤 몇 번이고 읽어서 체득하도록 하여라. 왜냐하면 너는 훌륭하신 부모님의 대를 이을 아주 특별한 존재이기 때문이다.

🟢 어린이날 너의 마음을 생각해 본다

매년 돌아오는 어린이날이 있지만, 이번 어린이날에는 유난히 영환이 생각이 나더구나. 그래서 네 마음을 내 마음속으로 헤아려 본다.

학교에서 어린이날을 맞이하여 특별한 행사를 많이 할 것이고, 그 시간에 학부모님도 많이 찾아와서 자녀의 모습을 지켜보고 감 상도 할 텐데 영환이는 어쩌나 하는 생각이 문득 떠오르는구나. 하 지만 그때는 너보다 못한 아이도 있다는 것을 생각해 보았으면 한 다. 요즘에는 이혼이나 별거 등으로 위기를 맞은 가정에서 자라서, 엄연히 살아 있는 부모가 있는데도 만나볼 수 없는 지경에 놓인 아 이들이 많이 있단다.

얼마 전 TV에서 방영된 '어린이는 희망'이란 주제로 〈저 혼자 두지 마세요〉라는 프로가 있었다. 그 프로그램에서는 오늘날 가정적, 교육적, 심리적으로 고립된 생태에서 살아가는 한국 어린이들의 슬픈 현실을 담고 있더구나. 엄마의 가출로 폭력성향을 보이며 정서 장애를 일으키고 있는 아이들, 부모의 방관과 방임 속에 가출과 도벽으로 문제아 취급을 받고 있는 학생들이 수도 없이 많다는 내용이었다. 또 최근 조사한 바로는 서울시 초·중·고교생 8명 중 1명은 주의력 결핍 과잉행동 장애, 강박증, 적대적 반항장애 등을 겪고 있다고 하더구나. 미래의 희망이자 주역인 어린이들을 위해 우리 사회에서 좀 더 큰 관심과 노력이 모여야 할 때라고 생각해 본다.

영환아. 너는 비록 부모가 네 곁을 떠나 일찍 가셨지만 훌륭하신 분이었고, 마지막 가시는 길에도 살신성인의 정신으로 희생하시다 가셨다는 것을 자랑삼아서 크게 위로받기를 바란다. 만일 너희 부모가 가출 등으로 가정을 평지풍파로 만들고 파괴하는 부모였다고 가정하면 너는 훨씬 슬프고 괴로웠을 것이다. 차라리 네가 현재 처한 현실이 거기에 비하면 다행이라고 생각해 주었으면 좋겠다. 그래도 매년 어린이날이면 대통령께서 영환이를 비롯하여 너와 같은 어린이들을 청와대로 특별 초청하여 재미있는 놀이도 시켜주고 푸짐한 선물로 위로하여 주시니, 그것 또한 감사한 일이라고 생각한다.

현재 할머니와 고모 그리고 고모할머님들께서 영환이의 성장 과정을 지켜보며 너의 뒷바라지에 최선을 다하고 계신단다. 그 모든 분이 너의 버팀목이 되고 있다는 것을 항상 명심하여라.

젊음을 귀중히 여겨라

인생의 출발점에서부터 무엇보다도 가장 명심해야 할 것은 한순간이라도 시간의 소중함을 잊어서는 안 된다는 것과 귀중한 시간을 어떻게 해야 올바르게 사용하는지를 항상 생각하고 살아야 한다는 것이다. 왜냐하면, 영환이 너는 온 국민이 네 이름을 기억하고 있고, 네가 누구라는 것과 너희 부모가 얼마나 훌륭하신 분이라는 것도 매스컴을 통해서 이미 다 알려졌기 때문이란다.

자칫 네가 젊었을 때 세인들의 눈 밖에 난 생활을 한다든가 그릇된 행동을 한다면, 이는 바로 네가 아닌 너희 부모님을 욕보이는 것이란다. 타인을 위해 희생하신 부모님에게 있어서는 안 될 결과를 초래하는 행동임을 잊지 말고, 누구보다도 모든 일에 타의 모범이 되고 귀감이 되게 행동하도록 노력하여야 한다.

특히 젊은 날을 귀중하게 여기지 않고 아무렇게나 지내다 보면 시간은 어물거리는 사이 쏜살같이 지나가 버릴 것이다. 한번 잃어버린 시간은 다시 오지 않는다는 것을 명심하였으면 좋겠다. 시간을 어떻게 관리하느냐에 따라 너의 인생은 하늘과 땅만큼의 차이가 일어날 수가 있단다.

지식이란 나이가 들었을 때 휴식처가 되고 위안처가 되는 것이란다. 나이가 들은 후에 "그때 좀 더 노력했더라면 더 큰 기쁨과 보람을 느꼈을 텐데."라고 후회하는 일은 결코 없어야 할 것이다. 네가 성장하여 성년이 되기까지는 매우 중요한 시기란다. 그러므로 그 시기를 가치 있게 보내라고 당부하고 싶다. 가장 중요한 시기에 나태하게 되면 지식도 쌓이지 않을 것이고, 인격 형성에도 크나큰 손실을 줄 것이다. 하지만 반대로 그 중요한 시기를 가치 있고 알차게 보낸다면 앞으로 너에게 큰 이익을 가져다준단다.

네가 성장기에 학문의 기초를 다져두지 않으면 나이 들었을 때에는 매력 없는 사람이 될 뿐만 아니라, 영원히 매장된다는 사실을 기억하여라.

사회에 진출한 뒤에는 시간적인 여유가 없어서 학문에 매진할 수가 없게 될 거야. 성장기에는 친구들과 어울려 놀고 싶을 때도 잦을 것이고 책상 앞에 앉는 것조차 싫을 때도 있을 것이다.

그럴 때는 이렇게 생각해 보아라.

'이것은 인생에서 반드시 통과해야 할 관문이다. 내가 이 관문을 통과하기 위해 헛된 시간으로 일관하지 않고 좀 더 노력한다면 노력한 만큼 목적지에 도달하는 시간이 빨라질 수 있다.'는 생각을 자주 연상시켜 보는 것이다.

어떤 작가의 이야기 중에 이런 말이 있다.

"제아무리 천재라 하더라도 노력하지 않으면 바보나 무지 그 자체로 퇴보하고 말게 될 것이다."

천재도 두뇌훈련을 통해 노력해야 하고, 그렇지 않으면 아무리 천재라도 그저 평범한 인간에 불과하다는 뜻이란다. 네가 이 뜻을 빨리 깨닫고, 늦기 전에 지식을 축적하는 데 노력을 아끼지 않았으면 좋겠다.

18세기에 『젊은 베르테르의 슬픔』이란 소설을 써서 전 세계 젊은 이들로부터 많은 열광을 받은 독일인 '괴테'가 한 말 중에서 유명한 구절이 있다.

"가라! 네 눈짓을 따르라. 너의 젊은 날을 이용하고 배움의 때를 놓치지 마라. 거대한 행운의 저울 위에 지침이 평형을 이루는 순간은 드물다. 너는 올라가든가 아니면 내려가야 한다. 너는 이기고 지배하든가 아니면 지고 나서 굴종해야 한다. 이겨 의기양양하든가 쓴맛을 삼키든가 망치가 되든가 모루가 되어야 한다."

작가의 말대로 젊을 때 최선을 다하지 않으면 패배의 쓴맛을 보는 것이란다. 그러니 젊었을 때 거대한 행운을 위해 노력하라는 경종이다.

기독교 방송국 〈새롭게 하소서〉라는 프로그램에 유명한 프로골퍼 신지애 선수가 출연한 것을 본 적이 있었다. 그녀는 LPGA 우승

으로 세계적인 선수가 되기까지의 피나는 훈련과 노력의 과정을
이야기하면서 눈물을 흘렸단다.

목사의 딸로 태어나 어린 시절에 교통사고로 엄마를 잃은 그녀
는 엄마 생각이 간절히 날 때마다 아빠와 함께 피나는 연습을 하
였다고 하더구나. 키가 작아서인지 손도 작은 그녀는 그립을 다 쥘
수가 없어서 골프가 불가능하다는 판정을 받았단다. 그럼에도 하
루 평균 7시간 이상을 퍼팅연습을 하였고, 드라이브 1,000회, 폐타
이어 400번 두드리기 등 부단한 연습을 통하여 자신을 성장시켜
나갔단다. 이 이야기를 하며 울먹이던 모습을 잊을 수가 없었다.

신체적인 핸디캡에도 좌절하지 않고 역경과 집념으로 이겨낸 그
녀의 인간 승리를 간증하면서, 오늘이 있기까지는 오로지 하늘나
라에 계신 어머니 때문이라며 어머니께 공을 돌리는 모습을 보고
감동하였단다.

"돈을 잃으면 조금 잃는 것이고 신뢰를 잃으면 많은 것을 잃는
다. 그러나 용기를 잃으면 모든 것을 잃게 된다."라는 속담이 있다.
아무튼, 너는 사나이니까 용기를 가지고 네가 하는 일에 최선을 다
하여 하늘나라에 계신 너희 부모님께 공을 돌릴 수 있는 큰 사람이
되었으면 좋겠다.

● 어렸을 때부터 독서를 즐기는 습관을 길러라

영환이가 성장하여 10대나 20대가 되면 너를 보살펴 주는 할아버지나 할머니가 네 곁에 계시지 못하게 될 수도 있을 것이다. 계신다고 하여도 너의 성장 과정이나 잠재력을 지도해 줄 수는 없게 될 것이다. 왜냐하면, 너희 할아버지나 할머니가 생존해 계신다 해도 연로하신 관계로 신세대인 너를 위해 유익한 활동을 할 수 없게 될 테니까 말이다. 너희 고모나 일가친척이 너를 올바른 길로 지도한다고 하더라도 자기 가정과 자기 생활 때문에 그것은 한계가 있을 수밖에 없을 것이다. 그래서 내가 미리 독서의 중요성과 방법에 대하여 당부하여 두겠다. 시간이 있을 때마다 읽어보고 참고하도록 하여라.

독서가 중요하고 유익한 것은 누구나 다 아는 사실이다. 그러나 사람마다 생김새가 다르고 성격과 특성이 다르기 마련이다. 다양한 특성이 있는 사람들, 특히 아이들이 저마다 손에서 책을 놓지 않는 방법이 하나 있단다. 어릴 때부터 독서를 즐기는 습관을 갖는 것이란다. 어릴 때 독서를 즐기는 습관을 갖는다면 어른이 되어서도 그 습관이 없어지지 않기 때문이야. 책을 좋아하는 사람은 누가 시키지 않아도 독서에 흥미를 보이며 좋은 책을 골라서 읽는 적극적인 태도를 보인다. 그렇지만 아이들은 부모나 학교 선생님이 어떻게 독서를 지도하느냐에 따라서 향후 독서 습관이 바뀔 수도 있다.

우선 독서를 시작할 때는 읽기 쉽고 흥미 있는 책부터 읽는 습관을 길러라.

1차 방정식도 모르는 사람이 2차 방정식이나 3차 방정식에 진입한다면 결국 아무 방정식의 문제도 풀 수 없게 될 것이다.

책 읽는 분위기도 중요하다. 선진국은 학교에서의 독서 생활은 교실이나 도서관에 양질의 책을 가득 채운 다음, 스스로 언제든지 원하는 책을 찾아서 읽을 수 있도록 하는 것이다.

가정에서도 마찬가지로 부모들이 아이들 손이 닿는 곳 여기저기에 좋은 책을 두고 아이들이 바로 찾아서 읽을 수 있도록 하는 것이 통상적이다. 그래서 요즘 거실을 서재로 활용한 가정도 많다고 하더구나. 특히 TV와 컴퓨터 게임 등에 노출되기 쉬운 요즘의 아이들이, 그 속에 빠져 매너리즘에서 헤어나기 어렵게 된 경우가 많이 있는데 될 수 있으면 영상매체를 멀리하는 것이 좋다.

좋은 책을 읽는 것도 중요하지만 네가 흥미 있거나 재미있는 책을 읽어서 효과를 보도록 하여라. 예를 들어 네가 동물에 유난히 관심이 있다면 다양한 동물에 관한 책을 보도록 하여라.

책을 읽고 난 후에는 그것으로 만족하지 말고 반드시 독후감을 쓰도록 하여라. 독후감을 쓴다는 것은 네가 읽은 책에 대한 독단적인 이해에 빠지지 않도록 하는 데 큰 도움이 될 것이다. 가령 학교에서 써낸 독후감이 있다면 한번 비교해 보아라. 다른 사람의 의견을 들으면서 서로 다양한 관점을 가질 수 있게 해 줄 것이다.

어느 대형 서점에 가면 "책은 사람을 만들고 사람은 책을 만든다."라고 대형 플래카드를 붙여 놓은 것을 볼 수 있다. 사람이 책을 쓰지만, 책으로 하여금 많은 사람이 그 책을 읽고 지식을 쌓게 되고 새로운 사실을 발견하게 되는 거란다. 결국, 책 속에 길이 있다는 말로 귀결된다. 특히 역사책을 보면 작가의 회고록이라든가 한 시대의 사건에 대하여 다양한 관점에서 살펴보는 사실들을 볼 수 있는데, 그러한 사실들을 책을 읽는 중에 자신의 생각과 비교해 보면 많은 참고가 될 것이다.

책을 읽되 우선 쓸모없는 따분한 책으로 시간을 소비하는 행동은 하지 않는 것이 좋다. 그러한 책은 나태한 저자가 무지한 독자를 노리고 쓰는 경우가 많기 때문이다. 그런 책은 마치 독약과 같아서 정신을 어지럽힐 뿐만 아니라 지적인 면에서 전혀 도움이 되지 않는다. 좋은 책을 읽을 때는 어떤 목표를 세우고 그 목표를 달성할 때까지는 다른 책에 손을 대지 말아야 한다.
예를 들어 현대사 가운데서도 특히 중요하고 흥미를 끄는 시대를 몇 개 뽑아놓고, 그것을 차례대로 읽어 나가다가 다른 책에 관심을 두게 되면 오히려 혼란이 올 수도 있는 거란다.

책을 읽다 보면 내용이 상반되거나 모순되는 점도 발견하게 될 것이다. 왜냐하면, 필자도 사람인지라 잘못 판단하고 자기주장만 거론할 수가 있는데 그러므로 오히려 독자가 내용을 분명하게 파악하고 잘못된 점을 지적할 수도 있어야 한단다. 그런 부분까지 잘 분별해 내는 능력을 기르려면 역시 독서를 통해 쌓은 지식이 있어야 한단다.

일상적으로 아이들은 책을 읽어야겠다는 생각이 머릿속에 맴돌고 있어도 스스로 책을 쉽게 손에 잡지 못하는데, 이때 책을 쉽게 손에 잡을 수 있고 읽을 수 있는 분위기가 제공되면 아이들은 아주 자연스럽게 독서를 하게 된단다.

어른이 아이에게 무조건 "책 많이 읽어라." 하면서 명령하는 것보다 책을 읽을 수 있는 분위기를 만들어 주는 것이 중요한데, 영환이에게는 부모님의 절대적 영향 이전에 스스로 그런 분위기를 만들어야 하는 여건이라는 것을 명심해야 한다.

독서를 많이 하게 되면 그만큼 학업 성적도 좋아진다는 것은 수학 공식과도 같은 의미를 내포하고 있다. 모 신문에서 〈고수엄마〉라는 리포트가 소개되어서 옮겨본다. 살펴본 즉, 두 아이의 엄마가 있었는데 두 아들을 학원 한 번 보내지 않고 미국 명문대학에 합격시킨 비결의 일화이다.

책을 유난히 좋아했던 고수 엄마 아이들은 집에서 책만 붙들고 있었던 게 아니었단다. 집 밖 마당과 인접해 있는 작은 풀숲은 아이들의 좋은 놀이터였다. 이곳에서 신나게 놀면서 마주치는 벌레, 풀, 나무가 아이들에게 호기심을 불러일으켰고 아이들은 빈 병에 벌레와 풀을 넣어와 백과사전을 뒤적이며 확인하곤 했다.

아이들의 관심은 단순히 벌레의 이름이나 특징을 확인하는 단계에서 발전해 기후나 지역적 특성으로 넓혀졌다. 일상에서 경험하는 자연현상의 신비를 이해하는 것은 아주 신나는 일이었고 이러한 과정을 통하여 책은 고수 엄마 아이들을 과학 박사로 만들어 주었다. 아이들은 다양한 체험과 책을 통해 만들어진 지식은 비록 효과가 금방 나타나지는 않았지만, 암기나 문제 풀이 식의 지식과는 견줄 수 없는 명품 지식이었다.

아이들은 어릴 때부터 읽은 문학, 역사, 과학, 미술사 등 다양한 영역의 책을 통해 배경지식을 쌓고, 이는 교과 공부에 큰 힘이 된다. 특히 독서 습관은 지식뿐만 아니라 집중력, 사고력, 창의력과 자기 주도적 학습습관을 키워준다.

책을 좋아하는 아이들은 복잡하고 어려운 개념이나 원리를 쉽게 이해하고 주요 교과 영역을 두루 좋아하게 된다. 특히 초·중학교 때 특별한 사교육을 통해 선행 학습을 하지 않았어도 두 아이가 수학을 두려워하지 않고 잘했던 이유 역시 독서에 있었다고 확신한다. 독서를 통해 사고력을 키운 아이들은 복잡한 수학개념이나 원리에 대한 이해가 빠르다는 것이다. 일찍부터 반복훈련을 통하여 연산능력만 키워 줄 경우 아이들이 학년이 올라가면서 어려운 개념에 맞닥뜨리면 어려워하고 쉽게 포기할 수도 있다.

"입시 열풍 속에서 언제까지 아이가 독서에 집중하여야 하는가?" 하는 질문을 종종 받는다. 고수 엄마의 경우 중학교 때 전교 최상위권 석차에 연연하지 않았고, 학원에 다니지 않았기 때문에 시간이 많아 중학교 때까지 책을 많이 읽었다. 그리하여 독서를 통해 얻은 지식은 두 아이가 나중에 사교육을 받지 않고도 수월하게 미국의 프린스턴대와 듀크대에 입학할 수 있었다고 한다. 간략하게 고수 엄마가 주장하는 독서 지도법을 정리해 보았다.

첫째, 영아기 때부터 책 읽는 시간을 갖는 것이 좋다고 한다.
어릴 때부터 어른과 늘 책을 접했던 아이는 한글 훈련을 받지 않아도 커가면서 자연스럽게 글자를 통으로 읽게 되기 때문에 한글을 쉽게 터득하게 되고 독서를 좋아하게 된다.

둘째, 책을 읽는 집안 환경을 만들어야 한다.
고수 엄마는 안방을 독서 방으로 쓰고 있단다. 그리고 아이들이 늘 안방에서 많은 시간을 보낸다. 요즘 거실을 서재로 꾸민 집도 많다고 하더구나.

셋째, 독후감 쓰기를 강요하지 않는다.

글쓰기는 어른도 내키지 않는 일이다. 하물며 아이가 책을 읽을 때마다 독후감을 써야 한다면 독서에 대한 흥미를 잃어버릴 수도 있다. 학교에서 하는 독후감 쓰기 수업 활동에 충실하면 된다.

넷째, 인터넷이 아닌 책을 통해 정보를 찾는 습관을 갖게 한다.

특히 초등학생 때는 책을 통해 정보를 얻는 가운데 좋은 독서 습관을 갖게 된다.

다섯째, 책벌레의 게으름을 경계한다.

해야 할 일을 먼저 해놓은 후 책을 읽는 습관을 갖게 하는 것이 중요하다. 이것이 고수엄마가 주장하는 위대한 독서의 힘이다.

● 의미 있는 삶을 살도록 하여라

세상에는 많은 사람이 살고 있단다. 그 많은 사람이 다 정직하게 사는 것은 아니다. 그중에는 어리석은 사람도 있고, 변변치 못한 사람과 정직하지 못한 사람도 있을 것이다. 변변치 못한 사람들을 존중해야 할 필요는 없을 것이다. 그러나 그들을 무시해서는 더욱 안 될 것이야. 무시해도 좋은 만큼 생각이 모자라거나 쓸모없는 인간은 없단다. 설사 마음으로는 싫어하는 사람일지라도 그런 마음

을 직접 상대방에게 내보이지는 말아야 할 것이야. 사람은 혼자서
는 절대적으로 살 수가 없는 거란다.

　누구나 언젠가는 다른 이의 도움을 받아야 할 때도 있고, 도움을
요청할 필요성도 있다. 누군가의 도움이 절실할 때 너에게 무시당
했던 사람은 결코 너에게 도움을 주지 않으려고 할 것이다. 결과적
으로 다른 사람을 무시하거나 하찮게 여기는 행위는 자신에게 도
움이 못 된다는 것을 알아야 한다.

　사람에게는 기본적으로 자존심이 있단다. 네가 만일 상대방 누
구를 무시한다면 무시당한 상대방은 언제까지나 자존심에 큰 상
처가 되기 때문이야. 어떤 사람이든 조금이라도 모욕을 당하면 분
노할 만큼의 자존심을 가지고 있다. 또한, 이 분노는 쉽게 사라지
지 않는 것이다. 그러므로 평생의 원수를 만들고 싶지 않거든 상대
가 아무리 형편없다고 하더라도 그것을 겉으로 드러내는 일은 삼
가야 할 것이다.

　간혹 자신이 우월하다는 것을 과시하기 위해서나, 혹은 주위 사
람들의 관심을 끌기 위해서 타인의 약점이나 결점을 폭로하는 사
람들이 있다. 하지만 타인에 대해 폭로는 절대로 해서는 안 된다는
것을 강조하고 싶구나. 그건 잠시 주위 사람들의 인기와 관심을 끌
수 있을지 모르지만, 폭로 당한 사람은 자존심과 수치심에 못 이겨
그에게 원한을 가질 것이 분명하다. 결과적으로 평생의 원수를 얻
게 될 것이다. 또한, 함께 웃고 즐겼던 사람들도 돌아서면 자신도

폭로되지 않을까 싶어 꺼림칙해질 것이 분명하다. 결국은 모두에게 외면당하게 될 것이다. 그러므로 무엇보다 타인을 폭로하여 품위를 잃게 하는 천박한 행위이다.

성경 말씀에도 "비판을 받지 아니하려거든 비판하지 마라. 너희의 비판하는 그 비판으로 너희가 비판을 받을 것이요, 너희의 헤아리는 그 헤아림으로 너희가 헤아림을 받을 것임이라."(마태복음 7장 1~2절)라고 말씀하고 있듯이 남을 비판하는 행위는 오히려 자기 자신을 더럽히는 행위로 강조하고 있단다. 그러니 타인을 비판하거나 상처를 주는 행위보다는 타인을 칭찬하거나 행복하게 하는 데 시간을 사용하도록 하여라.

🟢 예절을 잘 지키도록 하여라

요즘 사람들은 '예절'이라고 하면 우선 옛날 사람이나 지키는 것이고 시대에 뒤떨어진 것이라고 생각을 하고, '에티켓' 혹은 '매너'라고 하면 현대인이 알아서 행해야 할 것이라고 여긴다. 알고 보면 예절이나 에티켓 또는 매너가 같은 뜻인데도 무슨 까닭으로 우리말인 예절에는 거부감을 보이고, 외래어인 에티켓이나 매너라고 하면 멋지게 보며 그것은 반드시 지켜야 하는 것으로 판단하는지 모르겠다.

　서양 음식을 먹을 때면 식탁 매너는 지켜야 하면서도 우리 음식을 먹을 때의 식탁 예절은 아무렇게나 해도 좋다든지, 손님을 맞는 우리의 잔치 예절이나 의식 절차는 몰라도 되고, 서양식 파티 에티켓은 지켜야 하는 생각이라면 앞뒤가 맞지 않는 일이란다. 예절과 에티켓은 표기만 달리했을 뿐이지, 굳이 따져본다면 예절은 우리나라의 것이고 에티켓과 매너는 주로 서구 예절을 말할 때 쓰이는 정도에 불과하다. 우리 것을 모른 채 외래문화에만 열중하고자 하는 것이 우리 현대인의 자화상이다. 그러고도 외국 사람에게 나는 자랑스러운 한국인이라고 말할 수 있을지 모르겠구나.

　세상은 시시각각으로 발전하면서 변화하는 거란다. 지금부터 30~40년 전 내가 어릴 적만 해도 숫자를 계산하는 방식은 오로지 다섯 알짜리 주판에만 의존했지만, 이제는 계산기라는 첨단 기계가 나와서 척척 계산해 주고 있고 앞으로는 계산기를 일일이 두들기지 않아도 말로써 입력하면 계산이 되는 기계가 나온다고 하니 인간의 재능은 무한대인 것 같구나. 하지만 세상이 급박하게 변한다 해도 인간 삶의 기본인 예절만은 예나 지금이나 반드시 지켜야 하는 것이 원칙이다.

　옛말에 '온고지신溫故知新'이라는 말이 있다. 옛것을 알고 새것을 알면 남의 스승이 될 수 있다는 말로 전통적인 것이나 새로운 것을 알아야 한다는 뜻이다. 옛 어른들이 가르쳐 준 예절도 변질하여서는 안 된다는 것이다.

예절에는 말로 표현하는 예절도 있지만, 행동과 옷차림으로 표현하는 예절도 있단다. 행동과 옷차림의 표정도 말없이 표현되는 하나의 인격이다. 차 한 잔을 마시더라도 평소에 조심스럽게 행동하는 습관을 기르도록 하여라.

나의 경우 상대방이 복장에서 조금이라도 허세를 부리는 느낌이 들면 그 사람의 사고방식도 조금 비뚤어져 있는 것이 아닌가 하고 생각하게 된단다. 예를 들면 물론 다소간의 차이는 있겠지만, 현대인들은 복장으로 자기 나름대로 자기주장을 하는 것 같다. 야단스럽고 화려한 복장을 한 사람을 보면, 속이 텅 빈 것을 감추려고 일부러 위압적인 차림을 하고 있는 것 같아서 보기가 썩 좋지 않다. 한편 입는 것에 전혀 신경을 쓰지 않아서 남 보기에 흉한 옷차림을 한 사람을 보면 그 사람의 인격을 의심하지 않을 수가 없단다. 분별 있는 사람이라면 복장에 지나치게 자기 개성이 나타나지 않도록 마음을 쓰며, 자기만의 특출한 옷차림을 하지 않는 것이다.

머리 모양에도 신경을 써야 한다. 왜냐하면, 머리는 외모와 복장 일부이기 때문이야. 요즘 젊은이들의 헤어스타일은 날로 변모하여 괴상한 색상에다 요란한 가발을 쓰고 다니는 젊은이들이 많더구나. 사람들은 조금이라도 자신의 용모나 자태에 미비한 점이 있으면 그것을 될 수 있는 대로 숨기고 보충하려고 필사적인 노력을 하는 법이란다. 그다지 잘생겼다고 할 수 없는 용모를 타고난 사람은 말할 것도 없고, 많은 사람이 조금이라도 잘 보이려고 고상하고 기품 있게 보이려고 상냥하게 미소 짓는 등의 자기표현을 위해 눈물겨울 정도로 노력하고 있단다. 그것은 신께서 내려주신 자기 용모를 고맙게 받아들이지 않고 모독하는 행위라고 말할 수 있을 거야.

내가 이러한 점들을 특히 강조하는 것은 네가 특별한 존재의 사람이기 때문이다. 네가 세상을 살아가면서 예절도 지키지 않고 행동이나 용모가 단정하지 않게 하고 다닌다면 세상 사람들이 너를 향하여 '아버지는 훌륭하셨는데 왜 아들은 저럴까?' 하고 흠을 잡을 거란다. 그렇다면 그것은 너뿐만이 아니고 너의 부모님을 욕되게 하는 결과가 되는 거야. 그래서 더욱 강조하는 것이다. 앞으로 표정 하나하나에도 부드러운 표정을 짓는 예절에 최선을 다해야 될 것이며, 남에게 불쾌한 인상을 주지 않기 위해 노력해야 한단다.

● 종교를 통하여 배려하는 가치관을 터득하여라

영환이는 아직 어리기 때문에 사회적 도덕을 먼저 배워야 한다. 예전에는 대가족제도 속에서 어른들을 공경하거나 다른 사람을 배려하는 법, 그리고 나보다 못한 사람들을 보살피는 법 등을 배웠었다. 하지만 요즘에는 아이에게 무엇이 옳은지에 대한 지혜를 가르쳐 주는 사람이 그리 많지 않다. 그러다 보니 요즘 아이들은 자신이 잘못했을 때 그 상황만 벗어나면 그만이라고 생각하고 잘못에 대하여 스스로 반성하려고 생각하는 아이는 흔치 않더구나. 게다가 부모는 자기 아이가 최고라고 치켜세울 뿐, 아이가 정작 무엇을 잘못했는지를 지적하여 주고 말하여 주는 데에는 아주 소극적인 경향이 많단다. 자칫 아이의 기를 죽인다는 미명으로 말이다. 이 때문에 요즘 아이들은 이기적이고, 잘못을 오히려 정당한 것처럼 착각하는 수가 많다. 그것은 본래 천성이 나쁜 것이 아니라 배려하고 용서하는 법을 배우지 않았기 때문이다. 그런 부분에서 종교는 아이들에게 도움을 줄 뿐만 아니라 큰 힘이 된단다. 특히 기독교에서는 주일학교 등에서 매주 자신 스스로 반성하는 시간을 가지며 자신의 행동을 뒤돌아보고 더욱 올바른 행동을 하기 위해 노력하도록 가르쳐 준단다. 유치원이나 어린이집에서 지식과 사회성을 가르쳐 준다면 종교 계통에서는 아이들의 올바른 가치관을 가르쳐 주는 것이다.

영환이의 경우 부모가 계시지 않으니 부모에게 배워야 할 인성교육이나 가치관에 대하여 취약할 수 있다. 대신 종교의식을 통하여 배우도록 했으면 좋겠다. 영환이 너 자신이 세상에서 최고라고 생각하는 것도 중요하지만, 그것보다도 자신이 세상에서 아주 작은 존재라는 의식, 그러므로 다른 사람과 더불어 살아가야 한다는 것을 알 필요가 있단다. 흔히 그것을 '멘토(훌륭한 지도자)'라고 하지.

우리가 흔히 말하는 성인들이 종교 안에 있거든.

내가 이 책을 쓰게 된 큰 이유 중 하나가 영환이의 가치관을 책임져야 하는 부모가 이 세상에 존재하지 않기 때문에 이 책을 통하여 가치관이나 인성 교육의 길잡이가 되어 주기 위해서란다.

올바른 사회적 가치를 지닌 위인들의 이야기를 자주 읽고, 너의 멘토로 삼도록 하여라. 세계적으로 유명한 아인슈타인, 에디슨, 간디와 같은 서양 위인들도 있지만, 서점에 가보면 국내적으로 장군이나 임금 같은 위대한 사람뿐 아니라, 큰 위인은 아니지만 다른 사람을 위해 자신을 희생할 줄 아는 사람들의 이야기도 많이 있다. 그들을 통하여 자신이 스스로 가치관을 바로 세우는 데 도움이 되었으면 한다.

🟢 거짓을 멀리하고 정직하게 살아야 한다

정직에 대한 멋진 일화가 있어서 이야기해주고 싶구나. 최근 미국의 초대 대통령이었던 조지 워싱턴 대통령으로부터 클린턴 대통령에 이르기까지 41명의 역대 대통령을 심층 분석하여 종합평가 순위를 매긴 『Rating the Presidents』라고 하는 책이 발간되었다.

그 속에는 다섯 가지 영역으로 평가하였는데 지도력, 업적, 위기관리능력, 정치력, 인사관리능력을 분석하였다고 한다. 그리고 한

편으로는 도덕성과 정직성을 평가하였다. 여기서 1위로 평가받은 사람이 에이브러햄 링컨이었다. 종합순위 이외에 도덕성과 정직성을 평가 항목에 포함하게 된 것은 지도 능력과 정직성은 정비례한다는 것을 입증하는 것이다. 힘과 용기, 능력, 지혜 그 모든 뿌리가 정직함과 깨끗함에 있다고 하는 것을 입증하는 거란다.

에이브러햄 링컨 대통령은 그의 사생활에서까지 그 정직함으로 유명한 많은 일화가 있다. 하나의 예로 링컨이 어느 날 서점으로부터 책을 빌려다 보았다. 그리고 그 책을 보는 중에 물을 엎질러서 책 한쪽에 물이 좀 젖었단다. 물론 말렸겠지. 그다음에 이 책을 돌려줄 때 서점 관리자에게 가서 그 책의 물에 젖은 부분을 펴 보이며 "여기에 물이 젖었는데 지금은 말렸습니다. 제가 이렇게 실수를 하였습니다."라고 사실을 알려준 후 그에 합당한 대가를 스스로 치렀다고 한다.

보통사람 같으면 '책에 물 좀 묻었어도 마르면 그만이지.' 하고 쉽게 판단할 수도 있다. 그런데 이걸 가지고 가서 "여기에 물이 묻어 젖었습니다."라고 고백해야만 하는 그의 정직한 마음. 이것이 그의 지도력과 지혜와 용기의 근본이 되었고, 오늘날까지 미국인과 전 세계 사람들이 존경하는 인물이 되었다는 것을 새기길 바란다.

다음은 '제리 화이트Dr. jerry white' 박사가 쓴 『혼돈의 세상에서 삶을 정돈하는 법』이란 책인데 주로 정직, 도덕, 양심을 주제로 한 내용이어서 너에게 참고가 되라고 요약해 본다. 이 책에서는 정직을 구체적으로 세 가지로 분류하여 분석하였다.

첫 번째는 일반적인 정직, 즉 거짓말을 하지 않는 것이다. 거짓 없이 사실대로 말하는 거야.

두 번째는 법률적 정직함, 즉 누가 보든 말든 스스로 정해진 법을 지켜가는 거야.

세 번째는 내면적 정직함, 즉 자신의 양심에 따라서 스스로 양심을 지키는 것. 그것이 내면적이라는 것인데 내면적 정직을 지키려면 아주 높은 인격을 가져야 가능하다는 것이다.

그런데 일반적인 사람들은 정직함과 거짓과 부정직함을 착각하는 경우가 있다.

첫째, 자기 스스로 생각할 때 정직하지 못한 것들이나 거짓말이나 부정직한 것을 마치 재능처럼 생각하는 사람들이 많이 있다. 대부분 거짓말하는 사람의 심리는 스스로 생각하기를 자기 자신이 똑똑해서 또는 거짓말도 능력이라고 착각하는 수가 있다. 그리고 나한테 속은 사람은 멍청해서 속았다고 생각하는 경우가 허다하다. 사실은 속이고 있는 본인이 더 형편없고 바보스러운 사람이라는 것을 자신이 모르고 있다는 것이 안타까운 거야.

둘째는 마치 사람들이 거짓된 것을 이득처럼 생각하는 거야. 거짓이 있어야 뭔가를 얻을 수 있는 것처럼, 거짓이 있어야 돈을 벌고 출세도 하는 것처럼 착각하는 거야. 그렇지만 알고 보면 거짓의 엄청난 피해를 상상하지 못하는 거야. 거짓으로 자기 자신을 병들게 하고, 인격을 병들게 한다는 것을 깨닫지 못하고 거짓을 체질화하는 어리석은 사람들이 많이 있다. 나 자신은 좋을지 몰라도 나 때문에 속은 사람, 실망하는 사람들의 그 아픈 마음을 생각하지 못하기 때문에 거짓말을 하는 거야.

아주 재미있는 이야기 하나를 소개하겠다.

잭슨이라고 하는 사람과 루이스라고 하는 사람이 있었는데 두 사람은 서로 동업을 했었다. 둘 다 아주 머리가 좋은 사람들이었다. 그래서 그들은 궁리 끝에 모조품을 사다가 진품이라 속여서 몇 년 동안 장사를 잘했었다. 때문에 그들은 엄청나게 돈을 많이 벌었다. 하지만 얼마 가지 않아 "잭슨의 가게에서 파는 물건은 가짜더라."라는 소문이 퍼졌다. 그 후 손님은 다 끊어졌고, 장사를 할 수가 없게 되었겠지. 그래서 둘이 앉아서 다시 전략을 세웠다. '이럴 것이 아니라 우리 따로 나가서 5년 동안 신용을 회복해야겠다.'고 생각한 것이다.

그들이 이제부터는 장사가 안되더라도 5년 동안 작전상 정직하게 살면서 명예를 회복하자고 다짐했다. 이렇게 작전을 세우고 5년 동안 서로 각기 나가서 정직하게 장사를 했는데 처음에는 돈이 안 벌렸다. 수입이 적지만 그래도 그렇게 진실하게 사는 동안 두 사람은 아주 좋은 명성을 얻었다.

바로 '잭슨은 정직한 잭슨, 루이스는 고지식한 장사꾼'이라고 하는 훌륭한 별명을 얻게 된 것이다. 그러고 나서 5년 후 계획대로 둘이 만났다.

"자, 이제 우리는 신용을 회복했으니까 진품만 가지고 해보자." 라고 했을 때 잭슨이 하는 말이 "돈은 덜 벌었지만, 진실하게 사니까 마음도 편하고 잠도 잘 잘 수 있어서 좋더라."라고 했단다.

사람들은 정직함이 주는 이익을 모르기 때문에 거짓을 행하는 거야. 정직하지 않은 마음으로는 진정한 성공을 할 수는 없단다. 사람은 대부분 거짓 때문에 오는 고통이 얼마나 무서운 것인가를 모르는 무지함 때문에 거짓을 하는 거야. 거짓의 결과는 참혹한 실패만 남게 된다는 것을 알아야 한다. 이를 깨닫게 해주는 일화를 하나 들려주겠다.

어느 초등학교 교사가 아이들을 가르치는 중에 시험을 보게 되었다. 담임 선생님은 아이들이 누가 공부를 잘하고 못하는지를 대략 알고 있었단다. 시험시간에 시험 감독을 하면서 책을 보는 척하고 아이들을 감시하고 있는데, 그중에 제일 공부를 잘하는 갑동이라는 아이가 문제 답안을 다 쓰고 한 문제 답안을 못 쓰는 거야. 아무리 생각해도 생각이 안 나서 답답해 괴로워하고 있는 모습이었지. 그런데 그 옆에 있는 을동이라는 아이가 자기는 다 썼는데 쉬운 걸 못 쓰고 있는 갑동이를 보고는 뒤꿈치로 쿡 찌르며 이거 보고 쓰라고 보여주는 것이었다. 그러자 공부 잘하는 갑동이는 보지 않으려고 애쓰다가 결국 마지막에 보고 쓰더란다.

담임선생님은 "어이쿠!" 하고 모른 척하고 있었다. 그런데 아이들이 시험 답안을 다 낼 때까지 갑동이는 얼굴이 벌게서 앉아만 있는 것이었다. 시험 답안지를 다 내고 난 다음에 마지막으로 갑동이가 답안지를 가져다 놓고 하는 말이 "선생님, 저 빵점 주세요. 제가 을동이 것 하나를 보고 썼습니다."라고 하였다.

순간 선생님은 아이를 끌어안고 "네가 거짓을 이기려고 얼마나 애썼는지를 선생님은 보았다. 너는 이겼다. 너는 정직하다."라고 하면서 울었다는 이야기란다.

내가 영환이에게 특히 이 부분을 많이 강조하는 이유는 정직한 자에게는 반드시 승리가 있다는 것을 말해주기 위해서다. 정직한 자에게는 자유로움과 행복함이 있단다. 정직한 자는 반드시 성공하는 법이다. 그러나 사람들은 그것을 모르기 때문에 신음하며 살아가고 있는 거야. 치열한 경쟁사회의 승리 비결은 정직에 있다는 것을 명심하여라.

"남이 진실을 왜곡하고 부정직하니까 나도 대충 그렇게 살면 되겠지?"라고 생각한다면 크게 그릇된 생각이다. 인간은 누구나 각자 자기 생각에 따라서 행동한다. 그러나 자기의 생각을 남에게 강요하는 것은 자기의 체형이나 체질까지 같아야 한다고 강요하는 것과 마찬가지이므로 교만하다고 볼 수 있다. 사람은 누구나 자기 자신이 하는 일이 옳다고 생각하며 살아간다. 그러나 정말로 누가 옳은가를 알고 있는 것은 오직 신뿐이다. 또 자기 자신이 생각하는 것에 따라 행동하고 그 믿음에 따라 인생을 살아간다. 그러므로 자기 생각과 다르다고 해서 남을 업신여기거나 자기 신앙과 다르다고 해서 이단이라고 취급하며 박해하는 것은 어리석은 일이란다. 비난은 고의로 거짓말을 한 사람, 사실을 날조한 사람이 받아야 하지 그것을 믿는 사람이 받아야 하는 것은 아니라는 뜻이다.

세상에서 거짓말만큼 죄가 크고 비열하며 어리석은 것은 없다. 대게 남에게 적대감이나 비겁한 마음, 허영심을 가졌을 때 거짓말을 하지만 어느 경우에도 목적을 달성할 수는 없단다. 아무리 감쪽같이 숨겼다고 하여도 거짓은 얼마 지나지 않아 거짓으로 탄로가 나기 때문이지. 거짓말을 한 번 하면 그 사람은 후에 아무리 진실로 말을 하여도 그 진실을 인정하지 않으려고 한단다. 그런데도 거짓말을 자주 하는 사람은 한낱 거짓말이 습관이 되어서 진실인 것처럼 왜곡하는 경우를 흔히 볼 수 있지.

예를 들어 누군가의 행운이나 인기를 시기해서 거짓말을 했다고 치자. 얼마 동안은 상대에게 상처를 입힐 것이다. 그러나 결국 가장 고통받는 것은 자기 자신이란다. 인생에서 신뢰를 잃는 것보다 더 큰 손해는 없기 때문이다.

얼마 전에 한 재벌그룹 회장이 아들 보복 폭행사건으로 폭행 혐의를 끝까지 부인하며 거짓말로 일관하다가, 경찰 수사결과 결국에는 폭행사실이 확인되자 자신이 한 일이 '후회스럽다'고 언론을 통해서 사과 한 일이 있었다. 하지만 그 때문에 자신의 명예는 물론이려니와 그룹 전체에 손실을 끼친 것은 가히 천문학적이 될 거란다.

자신의 언행에 대해 변명을 일삼거나 명예가 더 손상되거나 창피를 당할까 두려워 발뺌하거나 또 다른 거짓말을 한다면, 더 큰 곤경에 빠질 것이 자명한 일이다. 또한, 그런 사람은 가장 저급하고 야비한 인간으로 취급받게 된단다. 차라리 한순간의 실수로 큰 잘못을 저질렀다 해도 그것을 숨기기보다는 정직하게 잘못을 인정하고 용서를 구하는 것이 신뢰를 잃지 않는 유일한 방법일 것이다.

비록 약간의 손해를 보는 일이 있어도 양심과 명예를 지켜 인간관계가 결정적인 요소인 사회 속에서 당당히 살아가려면, 거짓말이나 변명을 하지 말고 침착하게 행동해야 한다. 네 목숨이 다할 때까지 말이다.

영환이는 부모님께서 훌륭하신 분들이었기에 혹여 부모님께 누가 되는 거짓말 따위는 절대 하지 말아야 한다. 어리석은 사람일수록 거짓말을 잘하는 법이다. 결국, 거짓말을 잘하는 사람은 지능지수도 그리 높지 않은 사람이란 걸 늘 명심하여라.

🟢 근검절약하는 정신을 가져라

영환이도 성장기에 접어들면 돈을 써야 하고 그러다 보면 자연히 지출계획을 세우게 될 것이다. 때로는 친구들과의 교분을 유지하기 위해 사용하게 되는 경우도 있고, 사람과 사교를 하기 위하여 돈이 필요할 때도 있을 것이다. 지적인 교분이나 사교를 위하여 사용되는 돈은 값진 돈이라고 할 수 있겠으나 쓸데없는 싸움을 한다든가 아무것도 하지 않고 시간을 낭비하는 데에는 절대로 사용하지 않는 것이 좋을 것이다. 가령 훌륭한 사람과 교제하기 위해 사용하는 돈은 그만큼 값진 지출이라고 할 수 있겠으나 시간을 낭비하기 위하여 사용하는 돈은 무가치한 지출이라고 단정할 수밖에 없단다.

현명한 사람은 자기의 명예를 훼손하는 행위에 필요한 돈을 쓰지 않는데, 이는 자기에게 도움이 되지 않는 돈을 헛되게 쓰지 않는다는 의미다. 또한, 현명한 사람은 돈뿐만 아니라 시간도 헛되게 보내지 않는단다. 그런데 어리석은 사람은 다르다. 어리석은 사람은 불필요한 것에 돈을 쓰고 정작 필요한 것에는 돈을 쓰지 않는다.

돈이라는 것은 아무리 많이 있어도 돈에 대한 철학을 가지고 사용하지 않으면 가치가 없는 돈이 되고 만다는 것을 명심하여라. 돈에 여유가 있다면 무의탁 양로원이나 고아원 등을 찾아서 유용하게 쓸 수 있도록 지원하여 준다면 얼마나 값진 돈이겠는가? 이러한 것을 상상해 보아라.

　물건을 구매할 때도 필요하지도 않은 것을 값이 싸다는 이유만으로 무조건 대량으로 구매하는 일은 없어야 할 것이다. 그것은 절약도 아니고 쓸데없는 낭비일 뿐이다. 무슨 일에나 '자신에게 맞는 분수'라는 것이 있다. 건전하고 건실한 정신을 가진 사람은 어디까지가 자기의 범위인지 위치를 잘 알고 있다. 그런데 한계선이 모호할 때 분별 있는 사람은 어떻게든 그 한계선을 찾아내지만, 무분별한 사람이나 어리석은 사람의 눈에는 좀처럼 그 한계선이 보이지 않는 법이다.

　영환이는 손이 닿는 범위와 닿지 않는 범위를 분별하여 능력의 한계선에 항상 주의를 기울일 것으로 믿는다. 재벌그룹의 총수쯤 되면 가진 돈이 많이 있으니까 무분별하게 마구 지출할 것 같지만, 대부분은 그렇지 않고 일정한 한계선을 그어 놓고 지출한다고 한다. 인간은 역시 자신의 능력을 충분히 발휘하는 자의 발자취가 더욱 찬란히 빛나 보이는 거란다.

　자린고비란 말이 있다. 아주 인색한 사람을 일컬어서 하는 말이다. 교과서에도 수록된 내용인데 아주 먼 옛날 반찬값을 절약하기 위해 소금에 절인 생선을 집안 천장 귀퉁이에 매달아 놓고, 밥 한 술 먹고 생선 한 번 쳐다보며 식사를 해결하던 구두쇠가 있었다. 꼭 필요한 것도, 그리고 가지고 싶은 모든 것도 포기하고, 오로지 돈만 열심히 모았던 그 구두쇠를 과연 똑똑하고 훌륭한 사람이라고 할 수가 있겠니?

　세상을 살면서 돈을 모으는 가장 큰 이유는 필요한 것이 있을 때 유용하게 잘 쓰기 위한 것이다. 그런데 구두쇠처럼 필요한 곳에 잘 쓰지도 못하고 무조건 돈만 벌어서 쌓아두기만 한다면 돈을 모으는 의미가 없지 않겠니? 자, 지금부터 어떻게 해야 돈을 잘 쓸 수 있는지 그 방법을 이야기해 보도록 하겠다.

　가장 중요한 것은 계획을 세우는 것이다. 돈을 모아서 유용하게 잘 쓰려면 계획을 세워야 한단다. 다음에 영환이가 할머니로부터 용돈을 받을 텐데 주 단위나 월 단위로 받도록 하여라. 또는 열흘 단위로 받든가 말이야. 그래서 일주일마다 받게 되면 일주일 계획을, 열흘마다 받게 되면 열흘 계획을, 한 달마다 받게 되면 한 달 지출 계획을 세우는 거야. 계획이라고 해서 어렵게 생각할 필요는 없다. 계획이란 일주일 또는 한 달 동안 받는 돈이 얼마인지를 기록하고, 써야 하는 곳이 어디인지를 미리 써두는 거야. 그렇게 되면 이번 주 또는 이번 달에 얼마의 돈이 필요한지를 미리 알 수가 있어서 필요 이상의 낭비를 하지 않는단다.

　그다음은 용돈기입장을 만들어서 지출내용을 쓰는 것이다. 용돈기입장을 쓰기 싫어하는 아이들도 많다고 하는데 용돈기입장을 만들어서 용돈기입장이라고 쓰지 말고 '용돈 수호신' '배부른 돼지' '부자 타임머신' '나의 최고의 자존심' 등 재미있고 멋진 말들로 이름을 붙이는 거야. 그리고 용돈기입장의 남은 돈을 적어 놓은 칸

옆에 별도의 빈칸을 만들어라. 그 칸에는 돈을 썼을 때 그것이 꼭 필요한 것이었는지, 왜 썼는지의 표시를 확실히 해 두어야 한다. 그래야 용돈이 부족한 경우가 생겼을 때 어떤 것을 줄여나가야 하는지 원인을 찾을 수가 있단다. 꼭 필요한 것을 줄일 수는 없어도 가지고 싶은 것은 마음먹기에 따라서 충분히 줄여나갈 수가 있지. 이처럼 용돈을 쓰는 데도 체계적으로 기록하는 습관을 갖게 되면 이다음에 가정생활이나 사회생활하는 데도 크게 도움이 된다.

영환이는 큰 유산은 없지만, 다행히도 너희 부모님께서 정부로부터 의사자로 지정을 받음에 따라 약간의 보상금과 언론을 통해 비보를 접한 후 당시 대통령을 비롯하여 사회 각계각층에서 보낸 후원금이 다소 있어서, 우선은 생활하는 데에 큰 지장이 없을 것이다. 하지만 어느 시점부터는 살아가는 것이 어렵게 될 수도 있다. 왜냐하면, 너희 할아버지는 너희 부모님을 잃은 충격으로 중풍을 맞아서 거동할 수가 없는 상태가 되셨고, 할머니는 너를 양육하시느라 경제활동을 하실 수가 없는 상황이란다. 그래서 계속해서 지출만 하게 될 것이고 어느 순간 경제적으로 한계에 도달할 때가 올 것이다. 그때를 대비하여 너는 일찍부터 근검절약하는 정신을 익히도록 해야 한다. 분에 넘치는 지출은 스스로 하지 않는 정신을 갖는 것이 무엇보다 중요함을 명심하여라.

세상에 꼭
필요한 존재가
되어라

● 친구는 스스로 잘 선택해라

"친구는 사람의 인격을 말해주는 거울이다."라는 말이 있다. 그
만큼 친구가 중요하다는 뜻이다. 친구를 잘못 사귀면 쌓아올린 모
든 것을 망쳐 버릴 수도 있기 때문이지. 네가 다음에 성장하게 되
면 어떤 모임이라든가 그룹들을 형성하는 단체에 가입하게 될 것
이다. 그런 단체나 모임에 들겠느냐고 요청을 받거나 집요하게 권
유를 받는 일도 생길 수 있고, 그것이 잘 안 되면 우롱당하거나 압
력을 받는 때도 있을 것이다. 그러나 부디 이러한 우롱이나 압력에
휘말리지 않도록 조심하기를 바란다. 일반적으로 사람들은 부탁
을 받으면 싫어도 거절하기가 쉽지 않단다. 싫다고 하면 체면이 깎
일지도 모른다는 생각이 들고, 상대방에게 미안한 마음이 들기 때

문이란다. 또 한편으로는 따돌림을 당할지도 모른다는 우려도 없지 않기 때문이지. 그 자체가 나쁘다는 것이 아니라, 상대방의 기분을 맞춰주고 기쁘게 해주자는 생각은 상대가 좋은 사람이라면 좋은 결과를 낳게 될 것이다. 그러나 분명하게 하지 않는다면, 본의 아니게 상대방에게 질질 끌려다닐 수도 있고 잘못하다가는 매너리즘에 빠져 버릴 수도 있단다.

자기 자신에게 결점이 있다면 자기의 결정만으로 만족하는 것이 현명한 것이다. 다른 사람의 나쁜 결점이나 행동을 흉내 내고 따라 하게 되면, 결국 그 결점이 나의 결점과 중복되어 결점이 늘어나게 되는 결과를 초래하게 되는 거란다. 그러한 위험한 행동은 피하는 것이 좋다.

네가 다음에 커서 학교에 다니게 되면 그곳에는 여러 종류의 사람들이 있을 것이다. 분별없이 모두와 친해지고 친구가 될 수 있다는 생각은 그릇된 생각이란다. 그중에는 착한 사람도 많겠지만 그렇지 않은 사람도 더러 있을 것이다. 참다운 우정이란 그렇게 간단히 손에 넣을 수 있는 것이 아니다. 오랜 시간을 두고, 서로 알고, 서로 이해하고, 서로 관찰한 다음 심사숙고하여 선택해야 한다. 그렇지 않으면 참다운 우정이 될 수 없고 또한, 자기에게 그 우정은 오래가지 않는다. 그런 우정은 잠깐 따스하지만 얼마 후에는 식어 버린다. 이는 우연히 알게 된 몇몇 사람이 함께 무분별한 행위를 했다거나 놀이에 깊이 빠지거나 하는 것에 불과하단다.

여기서 한 가지 깊이 새겨 둘 것은 '가까운 친구와 놀이 동료는 다르다'는 것을 깊이 명심하여라. 다시 말해서 함께 있기만 하면 즐겁다고 해서 반드시 좋은 친구는 아니라는 뜻이다. 아니 오히려 친구로서는 적합하지 않은 인물이고 쓸모없는 경우가 많다는 것이다. 어떤 친구를 사귀고 있느냐에 따라 그 사람의 인격이 어느 정도 결정된다고 해도 과언이 아니다.

스페인 속담에 "누구와 가깝게 지내고 있는지 가르쳐다오. 그러면 당신이 어떤 인간인지 맞춰 보겠다."라는 말이 있다. 부도덕하거나 어리석은 자를 친구로 가지고 있는 사람은 그 역시 친구와 비슷하여 좋지 못한 비밀이 있는 것이 아닌가 하고 의심받게 되는 법이다. 악행을 저지르거나 어리석은 사람을 미워할 수는 있지만, 그 사람을 개인적으로 적대하지는 않도록 해라. 일단 그들에게 적의를 품게 되면 오히려 적을 만들어 소득 없는 행위를 할 수도 있기 때문이다.

'맹모삼천지교孟母三遷之敎'라는 말이 있다. 이 뜻은 맹자가 어렸을 때 묘지 가까이 살았더니 장사 지내는 흉내를 내기에 맹자 어머니가 할 수 없이 집을 시장 근처로 옮겼단다. 그랬더니 이번에는 물건 파는 흉내를 내는 거야. 맹자 어머니는 할 수 없이 다시 집을 글방이 있는 곳으로 옮겨 공부를 시켰더니 이번에는 공부만 열심히 하더라는 거야. 이렇게 어머니가 아들을 위하여 세 번이나 이사하였다는 뜻이다.

나는 이 말을 '맹모삼천지우 孟母三遷之友'라고 바꿔서 표현하고 싶구나. 마지막 지우의 뜻은 좋은 친구를 사귀기 위하여 좋은 친구가 있는 곳으로 이사하였다는 것으로 귀결하고 싶구나.

친구는 가장 큰 재산이 될 수도 있다

친구는 그 사람의 의견을 대변해 주는 역할을 한다고 지적하여 주었는데, 이제부터는 어떤 사람과 친구 관계로 교제하는 것이 좋은지를 말하기로 하겠다. 가능한 한 너보다 뛰어나고 품위가 있는 사람과 교제하도록 노력하여라. 그러려면 너 자신부터 기초 소양을 갖추는 데 최선을 다해야 될 것이다. 너보다 뛰어난 사람들이나 너보다 훌륭한 사람들과 교제하다 보면 자연히 자기도 그 사람들과 마찬가지로 우수해진다. 반면에 자기보다 수준이 낮은 사람과 사귀게 되면 자기도 그 정도의 인간으로 전락하여 버린 경우가 허다하단다. 즉 인간은 사귀는 상대에 따라 어떻게든 변할 수가 있다는 거야. 훌륭한 사람이라고 해서 반드시 집안이 좋고 지위가 높은 사람만을 뜻하는 것은 아니다. 훌륭한 사람이란 사회나 가정에서 다재다능한 인격이나 소양을 갖춘 사람이거나, 특정분야의 학문이나 예술에 뛰어난 사람들로 대부분이 모두 훌륭하다고 인정하고 평가하는 사람이라고 할 수 있겠지. 그러나 그보다 앞서 그 사람의 됨됨이, 즉 높은 인격 수준이 형성되어 있지 않으면 훌륭하다고 할 수 없는 거란다.

　무슨 일이 있어도 경계해야 할 것은 인격 수준이 낮은 사람들과 교제하는 일이다. 덕이 모자라고 지적 수준이 낮고 사회적 위치도 낮은 사람들은 자기가 내세울 만한 것은 아무것도 없이 나와의 교제를 자랑으로 삼고 있는 사람도 있지. 그러한 사람 중에는 너와의 교제를 유지하기 위하여 너의 잘못된 점까지도 일일이 칭찬하는 사람도 있을 것이다. 그런 공치사하는 사람들과의 교제를 될 수 있으면 삼가야 한다. 그렇다고 그런 사람들과 완전히 단절하라는 것은 아니다. 인간관계가 나의 이상하고 맞지 않는다고 해서 완전히 단절하게 되면 오히려 고립되어 버리는 경우가 있게 되는데, 여기서 강조하고 싶은 것은 인격 수준이 낮은 사람들과는 너의 깊은 마음을 주지 않는 선에서 적당히 응대하라는 거야.

　사람은 본래 허영심이 있기 마련이다. 그 때문에 악한 일을 수없이 하고 어리석은 행동을 거듭하게 된다. 그리고 바로 그 허영심 때문에 자기보다 수준이 낮은 사람과 교제하게 되는 경우가 있는 것이란다. 인간의 본성 때문에 누구나 그룹 내에서 첫 번째가 되기를 원한다. 동료에게 칭찬받고 싶어 하고, 존경받고 싶고, 자기 마음대로 동료를 조종하고 싶은 게 본성이다. 그 본성 때문에 때로는 칭찬의 소리를 듣고 싶어서 자기보다 수준 낮은 사람과 어울리고 교제하는 경우가 종종 생긴다. 그러나 그 결과는 어떻게 될까를 생각해 볼 필요가 있단다. 머지않아 그 사람은 자신도 그 사람들과 수준이 비슷해져서 이후로는 자기보다 더 훌륭한 사람과 사귀려고 해도 능력이 미치지 못하여 그렇지 못하게 되는 경우가 허다하단다. 다시 말하지만, 친구는 가장 큰 재산이 될 수도 있다는 거야. 교제하는 상대에 따라 수준이 올라가기도 하고 내려가기도 한다. 사람들은 교제하는 상대에 따라 너의 수준을 평가하고 판단한다는 것을 꼭 명심하여라.

🟢 대화할 때 상대방의 인격을 존중하여라

앞에서 좋은 친구는 재산이 될 수 있다고 했으니 이제 그런 사람들을 사귈 때에 어떻게 해야 하는지를 이야기하고 싶구나. 내가 살아온 오랜 세월 동안 얻은 체험과 경험의 결과로 한 판단이므로, 영환이가 알아두면 도움이 되리라고 생각한다.

가장 먼저, 아무리 훌륭한 사람들과 깊은 우호 관계를 맺는다 해도 네가 상대방에게 진정으로 대해 주고 기쁜 마음으로 대해 주려는 마음이 없다면 그것은 깊은 우호 관계가 될 수 없다. 네가 이다음에 커서 누구로부터 정성 어린 대접을 받아서 즐겁다고 생각할 때가 있을 것이다. 그렇다면 대접을 해 준 그 사람에게 반드시 글을 써서 표현한다든지 전화나 문자로 감사의 표시를 해야 될 것이다. 또한, 자기에게 마음을 써준 것이 그렇게 기쁘고 고마웠다면 너도 다른 사람에게 친절하게 대해주고 베풀 줄 아는 아량을 가져야 한다. 너 자신에게서 진심으로 우러나는 마음으로 말이다. 그렇게 함으로써 네가 대접을 받고 즐거워한 만큼 상대방도 즐거움을 느끼게 된다. 사람은 사랑하는 사람이나 존경하는 사람에게는 진심으로 상대방을 염려하고 기쁘게 해주고자 하는 마음이 솟아오르는 것이란다. 그러한 마음가짐이 없다면 실제로 남을 기쁘게 해줄 수 없다.

교제라는 원칙은 바로 이처럼 상대방을 진심으로 생각하는 마음가짐이다. 지금부터는 실제로 상대방을 즐겁게 해주는 좋은 인간관계를 맺기 위해 유념해야 할 점에 관하여 이야기하겠다.

말을 질서 있게 잘하는 것도 중요하지만 우선 상대방의 말할 기회를 묵살한 채 나의 이야기만 계속하는 것은 좋지 않단다. 내 이야기만 오랫동안 계속한다면 듣는 사람으로 하여금 무료감을 느끼게 할 수 있으므로, 상대방이 즐거운 마음으로 들을 수 있도록 유념해야 한다. 원래 대화라는 것은 나 혼자 독점하는 것이 아니란다. 즉 너 혼자서 상대방의 말할 몫까지 독점할 필요는 없다. 혼자서 질질 시간을 끌며 지루하게 자기주장만 내세우는 사람을 흔히 볼 수 있는데, 그런 사람은 말수가 적은 사람이나 우연히 자기 옆에 앉게 된 사람을 붙잡고 쉬지 않고 말을 한단다. 이런 사람이야말로 대화의 예의를 망각한 사람이란다.

대화의 내용은 될 수 있으면 상대방에게 공감을 줄 수 있어야 하고, 동시에 들어서 도움이 될 만한 화제를 고르는 것이 중요하다. 대화의 주제를 선택할 때도 의견이 서로 대립할 수 있는 화제는 될 수 있으면 피하는 것이 좋다. 그런 대화 주제는 의견이 달라지면 분위기가 자칫 험악해질 수도 있기 때문이야.

대화에서 절대로 해서는 안 될 것이 있다. 그것은 제일 먼저 자신에 관해 말하는 것이다. 자기 자신의 이야기에도 그 종류에는 여러 가지가 있단다. 화제의 흐름과는 관계없는 자기 이야기를 끄집어내어 결국은 자기 자랑으로 끝내버리는 사람이 있는데, 그것은 상대방에게 큰 실수가 될 뿐만 아니라 앞으로는 그런 사람과 대화를 꺼리는 경우가 생기게 된다. 아무리 훌륭한 인격의 소유자라도 자신의 이야기를 할 때는 허영심이나 자존심이 자연히 머리를 쳐들고 나와 사람들에게 불쾌감을 주기 마련이다. 또한, 어떤 사람은 교묘하게 자기 이야기를 끌어내는 사람도 있다. 예를 들면, 마치 자기가 타인으로부터 터무니없는 비방을 받고 있는 것처럼 행동하며 그런 비난은 부당하다는 듯이 자신의 장점을 늘어놓으면서 자신을 정당화하는데, 결국은 자기를 자랑하는 것이다.

대화에도 인격人格이 있다. 그 인격이라는 것은 대화 중에 언젠가는 알려지기 마련이란다. 일부러 자기가 나서서 자기 자신의 추켜세우지 않아도 인격은 대화내용을 통하여 상대방에게 자연적으로 알려지는 법이다. 그러니 오히려 본인이 자기 입으로 자신에 대하여 말하게 되면 아무도 그것을 믿으려 하지 않을 것이다. 자기 자신에 대하여 아무리 교묘하게 변장을 잘했다고 하더라도 오히려 주위 사람들의 반감을 사서 뜻하지 않는 것을 얻는 결과를 초래할 수도 있다. 이런 곤경에 처하지 않으려면 대화할 때 될 수 있으면 자기 이야기를 삼가는 것이 좋다.

말을 많이 하는 것도 중요하지만, 상대방의 이야기를 듣는 것도 중요하다. 불필요한 시기나 비난을 사서 부당한 평가를 받는 것보다는 상대방의 이야기를 겸손하게 듣는 것이 훨씬 이득이 될 수 있다.

🟢 상대방을 칭찬하는 마음을 가져라

칭찬은 고래도 춤추게 한다고 한다. 그만큼 칭찬이라는 단어에 상대방을 감동을 주는 초능력이 있다는 것이다. 남을 화나게 하기보다는 가능하면 기쁘게 해주고 싶고, 욕설을 듣기보다는 칭찬을 받고 싶고, 미움을 받기보다는 사랑을 받고 싶다면, 나 자신도 역시 상대방을 먼저 칭찬해야 한다는 점을 꼭 기억하여라.

상대방을 칭찬하고 배려하면 나 자신도 그만큼 기쁘고 보람됨을 느낄 수 있을 것이다. 아주 조그만 일에도 칭찬을 함으로써 기뻐하고 즐거워할 것을 생각하면 칭찬하지 못할 이유가 있겠니? 특정한 사람의 마음에 들고 싶다거나 어느 특정한 사람과 친구가 되고 싶다면 그 사람의 장점을 찾아내서 지속적으로 칭찬하여라.

　내가 이야기하는 것은 비열한 아첨을 해서 사람을 조종하고 칭찬하라는 의미가 아니다. 남의 결점이나 좋지 못한 행동까지 칭찬할 필요는 없으며 또 그런 것에 대해서는 칭찬을 해서도 안 된다. 오히려 결점이나 좋지 못한 행동에 대하여는 옳지 않다고 단호히 조언할 수 있어야 한다. 그렇다고 인간의 결점이나 허영심에 대해서 비판만 한다면 이 세상을 살아갈 수가 없단다. 다시 말해서 아주 지나치지 않은 허영심이나 결점은 그냥 넘어가는 게 좋다. 상대방을 비판적인 말로 불쾌하게 만드는 것보다는, 그 사람의 긍정적인 면을 찾아서 칭찬해 주는 편이 낫기 때문이다. 나 자신이 약간의 손해를 보는 한이 있어도 상대방을 배려해 줌으로써 상대방의 마음을 열게 하고, 상대방의 장점을 찾아서 칭찬과 찬사를 아끼지 않음으로써 감격하게 할 수 있단다. 쉽지만은 않지만, 습관화한다면 그보다 더 좋을 수는 없는 일이다. 또 한 가지 부탁할 것은 어려운 사람을 돕는 선한 일에도 관심을 둬야 한단다. 세상에는 악한 사람도 있지만 반면에 선한 사람이 더 많아서 이 사회가 공존할 수 있는 것이다.

　얼마 전 모 일간지 '반딧불'이라는 지면에 중증장애아를 자기 아이로 입양하여 17년간이나 돌봐 온 아름다운 경찰관의 선행 사실이 게재되었기에, 너에게 삶의 지침이 되라고 알려준다.

<일간지 내용 전문>

지난 18일 인천 부평 경찰서 정영섭(52) 교통안전계장은 왼쪽 눈이 벌겋게 충혈이 되어 있었다. "주말 내내 우리 '아기'를 돌보느라 잠을 못 잤다."고 했다. 17년 전 입양한 딸을 그는 늘 '아기'라고 부른다.

"아기를 만난 후부터 우리 가족의 삶이 송두리째 바뀌었어요."

정 계장은 1990년 3월 인천 중구 항동의 한 성당 신부로부터 "성당 문 앞에 아기가 버려져 있어 키워줄 사람을 찾는다."는 말을 들었다. 마침 입양에 관심이 있던 그는 가족회의를 열었고, 아내와 당시 10살이던 아들 모두 찬성했다. 아들은 동생 이름을 '수산나'라 지어주었다. 그해 6월 정 계장은 수산나를 호적에 올렸다.

"그런데 시간이 갈수록 이상한 거예요. 배밀이도 안 하고, 울지도 않고……."

6개월 후부터는 수산나의 두 다리가 뒤틀리기 시작했다. 여러 병원을 찾아 정확한 병명을 아는 데만 10년이 걸렸다. 병명은 소뇌小腦위축증으로 뇌성마비 장애 1급에 해당하는 병이었다. 수산나는 한 번도 땅을 밟아보지 못했다. 말도 못하고 스스로 밥을 먹을 수도, 대소변을 가릴 수도 없다.

"1년에 200일은 입원해 있어요. 면역력이 약해서 기온이 낮아지거나 황사가 오면 무조건 입원이에요.”

큰 수술만 5번 받았고, 한 번 입원하면 3개월 동안 온몸을 석고로 고정해야 했다. 한쪽 다리가 탈골되어 수술하고 나면 다른 쪽 다리가 탈골됐다. 24시간 누군가 옆에서 돌봐주어야 하는 탓에 가족의 일상은 무너졌다. 정 계장은 야간근무를 지원해 낮에는 수산나를 돌보고 밤에는 아내가 돌보게 했다. 오붓하게 식구들끼리 휴가 한번 가보지 못했다. 1년에 병원비만 최소 1,200만 원이 들었다. 경찰관의 박봉으로는 감당이 안 돼 집을 줄이고, 빚을 내 살았다고 했다.

3년 전부터 아내가 노인복지요양원에서 일해 병원비를 보태고 있다. 그는 “이렇게 살다간 우리 가정이 파탄 나고 말겠다 싶어서 어쩔 수 없이 8년 전부터 평일에는 경기도 용인의 수녀원 시설에 아기를 맡기고 있다.”고 했다.

“후회한 적은 없습니까?”라고 묻자 그는 단호하게 “한 번도 안 했어요. 죄 받을 것 같아서요.”라고 말했다. 다만 “그동안 잘 돌봐주지 못한 아들한테 미안하다.”고 고개를 떨어뜨렸다.

아들(27)은 지금 미국 UCLA대학에 국비 유학 중이다. 그는 “딸 애기가 세상에 알려지는 것이 싫어 동료에게도 말하지 않았다.”고 했다. 지난 5월 딸 수술을 위해 이틀간 휴가를 냈다가 입양사실이 주변에 알려지자, 부평경찰서 직원들은 모금 운동을 벌여

나는 이 내용을 읽고 난 후에 '세상에는 이렇게 훌륭한 사람도 있구나!'하고 마음속으로 그 경찰관에게 찬사를 보냈단다. 요즘 부정부패의 질타를 받고 있는 와중에도 진주같이 빛나는 이러한 경찰관이 있었기에 우리가 행복하게 살 수 있는 것이라고 생각해 본다.

기독교 종교 개혁가로 유명한 영국의 요한 웨슬러의 '베푸는 생활법칙'이라는 미담이 있다. 그는 남을 위해서 주고 베푸는 생활철학으로 유명한 사람이었다. 처음 옥스퍼드 대학에서 일하였는데 그가 처음 일할 때 수입이 월 30파운드였다고 한다. 총수입 중에서 28파운드는 겨우겨우 생활비로 쓰고, 나머지 2파운드는 다른 사람을 돕는 데 썼다고 한다. 근무 기간이 늘어나면서 그의 수입도 점점 늘어 60파운드, 100파운드, 150파운드가 되었다. 그런데도 그는 생활비를 지출하면서 30파운드를 받은 때처럼 28파운드만 지출하고 나머지는 선한 사람이나 어려운 사람에게 나눠주는 선행을 하는 데 썼다고 한다.

얼마나 위대하니? 우리가 생각하기에는 수입이 늘어나면 그와 비례해서 지출하고, 지극히 적은 나머지만 선행 사업에 써도 되지 않으냐고 반문할 수도 있을 것이다. 그러나 그는 필요 없는 일에 지출을 삼가고 나눔이라는 큰 목적을 달성하기 위한 소신이 있었으니, 그 정신을 본받아야 한다고 생각한다.

● 실패와 실수를 두려워하지 마라

영환이가 앞으로 자라면 대학 과정을 거쳐 사회에 진출하게 될 것이다. 고등학교나 대학교의 관문도 통과하기가 어렵지만, 취업이라는 관문도 그리 쉽지만은 않을 것이다. 학교나, 직장, 사회 관문을 통과하여 어엿한 성인이 되기 위해서는 부단한 노력도 함께 따라야 할 것이다. 또한, 그 관문을 통과하는 과정에서 때로는 실패할 때도 있을 것이고, 실수할 때도 있을 것이다. 그렇다고 그때마다 좌절하거나 두려워하지는 말아라. 단 한 번에 완벽한 성공을 거두는 사람은 없단다. 실패와 실수를 성공으로 나아가는 하나의 디딤돌로 여기고 꾸준히 노력할 수 있도록 하여라.

중요한 것은 실패와 실수가 있을 때마다 '왜 내가 실패했는가?

왜 실수했는가? 어떻게 해서 내가 틀렸는가?'에 대하여 분석해 보고, 실수의 원인과 결과를 노트에 기록하거나 컴퓨터에 입력하여 두어야 한다는 것이다. 단 한 번의 실수로 움츠러들고 쓸데없이 자신감을 잃은 나머지 새로운 일을 두려워해서는 안 된단다. 같은 실수를 여러 번 거듭하는 사람은 바보지만, 실수의 원인을 분석해 보지도 않은 채 재도전도 안 한다면 그 사람은 바보만도 못한 사람이라고 할 수 있다. 즉 실수를 정면으로 받아들이라는 뜻이다.

'나도 나름대로 열심히 하고 있다고.' '현 상황에서 나는 이것이 한계라고 생각한다.' '나한테는 더 이상은 무리다.' 이처럼 자신감 없이 체념부터 하는 사람은 비즈니스맨으로서만이 아니라 평범하게 이 세상을 살아가는 한 인간으로서도 부족한 사람이란다.

야구에서 보면, 역전 홈런성 타구를 외야수가 펜스까지 뛰어올라 가 걷어 내거나 잡기 어려운 안타성 타구를 엉덩방아를 찧으면서까지 글러브로 잡아내는 멋진 플레이를 보면 설사 실패했을지라도 과감하게 다이빙을 시도한 선수에게 관중은 아낌없는 박수를 보낸단다. 이는 그 선수가 외야로 날아간 공이 땅에 닿기 전에 잡아 내야 한다는 자신의 임무를 아무런 망설임 없이 곧바로 행동으로 옮겼기 때문이다. 이렇듯 신속히 반응하는 사람만이 감동을 주고 신뢰를 받는다. 실수한 후에 그에 대한 정확한 판단과 뒤따르는 뛰어난 즉각적인 행동이 없으면 성공할 수 없다.

　2차 세계 대전 전에는 침략을 일삼았던 일본이라는 나라가 이후 전략을 수정하여 선진국의 기술과 문화를 모방하기 시작했다. 그 결과 현재 일본은 요즘 경제가 다소 침체하기는 했지만 어쨌든 선진국 대열에서 더 큰 발전을 거듭하고 있다. 사람도 역시 마찬가지란다. 훌륭한 사람을 주의 깊게 관찰하고 그가 하는 대로 따라 하는 거야. 위인전을 많이 읽고 판단하는 것도 좋은 방법이 될 수 있을 것이다. 사회생활을 하면서 많은 사람으로부터, 혹은 훌륭하고 호감이 가는 인물이라고 인정하는 사람을 만나게 되면 그 사람에 대하여 주의 깊게 관찰하도록 하여라.

　손윗사람이나 어른들에게 어떤 태도와 어떤 말씨로 대하는가!
　자기와 지위가 같은 위치의 사람과는 어떤 교제 방식을 취하고 있는가!
　자기보다 지위가 낮은 사람에게는 어떠한 대우를 하고 있는가!

　이러한 것들을 관찰해서 영환이도 그대로 시행하는 연습을 하도록 해보아라. 사회생활을 하다 보면 많은 사람을 접하게 될 것이다. 훌륭한 사람도 있는 반면 쓸모없어 보이는 사람도 있을 거란다. 훌륭한 사람이라고 하여 모든 장점만 가지고 있는 것이 아니다. 왜냐하면, 인간은 본래 완전할 수 없기 때문이다. 반면에 쓸모

없어 보이는 사람이라도 반드시 한 가지 정도는 좋은 점이 있기 마련이란다. 너는 훌륭한 사람과 그렇지 않은 사람의 좋은 점만 모방하면 된다.

많은 사람으로부터 호감을 느끼게 하는 사람과 그렇지 않은 사람의 차이는, 말과 행동은 같아도 태도나 방법이 전혀 다른 데에 있다. 세상에서 환영받고 있는 사람이나 품위를 전혀 느낄 수 없는 인물도, 말을 하고 움직이고 옷을 입고 먹고 마시는 일에는 다를 바가 없다. 다만 그 표현하는 방법과 태도가 다를 뿐이다. 그러므로 말씨, 걸음걸이, 식사태도 등이 어떤 인상을 주는지 꼼꼼히 관찰한다면 자신이 어떻게 해야 좋은지는 저절로 알게 될 것이다.

● 옷차림과 용모는 항상 단정히 하여라

옷차림을 보면 그 사람의 인격을 알 수 있다고 한다. 분별 있는 사람은 복장에 지나치게 개성이 나타나지 않도록 마음을 쓰며 자기만의 특출한 옷차림은 하지 않는다. 남녀를 막론하고 요즘 거리를 다니다 보면 지나치게 화려하게 차려입고 다니는 사람이 있는가 하면, 전혀 마음을 쓰지 않고 초라한 옷차림으로 다니는 사람을 흔히 볼 수 있다. 지나치게 화려하거나 지나치게 초라한 옷차림을 하여 남에게 웃음거리가 되기보다는 온화하고 단정한 옷차림을 하도록 해라.

 학교에서 주기적으로 용모 검사를 하는 이유도 그만큼 용모관리
가 중요하기 때문이다. 그럼 학교에서 어른들이 생각하는 학생의
바람직한 옷차림과 용모는 무엇일까? 어느 신문기사에 실린 '일곱
가지 바른 의생활'이란다. 참고하면 좋을 것 같다.

 첫째, 분수에 맞는 옷을 선택한다.
 둘째, 항상 단정하고 청결한 차림을 한다.
 셋째, 유행에 신경 쓰지 말고 개성에 알맞은 옷을 선택한다.
 넷째, 자극적인 색감의 옷을 피하며 우아하고 활동적인 옷을 선
택한다.
 다섯째, 목걸이나 반지, 액세서리 등은 품위를 손상 시킨다.
 여섯째, 지나친 노출은 하지 않는 것이 좋다.
 일곱째, 항상 잘 손질해서 입는다.

 옷차림에 맞게 표정관리도 온화하게 하여야 한다. 흔히 사람들
이 단정한 용모를 가진 사람에 대하여 '지적인 용모' '용모가 준수
하다' '용모가 출중하다' '용모가 아름답다'고 칭찬하고 평가한다.
단정한 용모도 중요하지만, 표정관리도 잘하여 남에게 불쾌한 인
상을 주지 않도록 하는 것도 중요하다는 뜻이다.
 표정은 습관이기 때문에 쉽게 바꿀 수 없는 거란다. 또한, 개인

의 삶과 내면을 나타내는 이력서와 마찬가지이기 때문에 인재를 평가하는 면접에서도 표정과 언행이 크게 평가된단다. 그래서 평소에 온화하고 밝은 표정이 될 수 있도록 꾸준히 노력해야 한다.

눈가에 항상 부드러운 표정이 떠오르도록 하고 전체적으로는 미소를 짓는 표정으로 습관화시키도록 하여라.

● 습관을 바로잡는 데 노력하여라

속담에 "세 살 버릇 여든까지 간다."라는 말이 있다. 그만큼 어렸을 때의 습관이 중요하며 한번 잘못된 습관은 고치기 어렵단다.

스티븐 코비가 쓴 『성공하는 사람들의 7가지 습관』이라는 책이 있다. 이 책은 전 세계에서 38개 국어로 번역되었으며, 총 1,500만 부 이상 판매된 유명한 책이란다. 사람들에게 이 책이 널리 알려진 이유 또한 세상을 살아가면서 습관이 얼마나 중요한지를 보여주는 것이라고 생각한다. 나중에 네가 꼭 읽어보기 바라며, 간단히 7가지 습관을 열거하겠다. 책에 제시되어 있는 7가지 습관은 다음과 같단다.

습관1: 자신의 삶을 주도하라.
인생의 코스를 스스로 선택하라. 성공하는 사람들은 자신이 할 수 없는 일에 집착하거나 외부의 힘에 반응하는 대신, 할 수 있는 일에 집중하며 자신의 선택과 결과에 책임을 진다.

습관2: 끝을 생각하며 시작하라.

자신이 어디로 향하고 있는지 알기 위해서는 전반적인 인생목표를 포함해 최종목표를 정해야 한다.

습관3: 소중한 것을 먼저 하라.

긴급함이 아니라 중요성을 기반으로 업무 우선순위를 정하고, '습관2'에서 정한 목표성취를 돕는 계획을 세워라. 우선순위에 따라 업무를 수행하라.

습관4: '윈-윈'을 생각하라.

쌍방에 도움이 되는 해결책을 추구하라.

습관5: 먼저 이해하고 다음에 이해시켜라.

상호 존중하는 환경을 조성하고 문제를 효과적으로 해결하기 위해서는 타인의 말을 경청하고 열린 자세를 가져야 한다. 이로써 상대도 같은 태도를 보이도록 유도할 수 있다.

습관6: 시너지를 내라.

혼자서 달성할 수 없는 목표를 이루기 위해 팀을 활용하라. 팀원

들의 성과를 최대로 이끌어 내기 위해 유의미한 공헌과 최종 목표
를 장려하라.

습관7: 끊임없이 쇄신하라.

장기적으로 성공하기 위해서는 기도나 명상, 운동과 봉사활동,
고무적인 독서를 통해 몸과 마음, 영혼을 건강하게 유지하고 쇄신
해야 한다.

요즘 부모들이 지식 위주의 교육으로만 아이들을 가르치다 보
니 나쁜 습관에 대해서는 그다지 체크하지도 않고 지나쳐 버리는
경우가 많이 있다. 이렇게 버릇없고 보기 좋지 않은 습관을 그대로
지나치는 등 예의범절을 소홀히 하기 때문에 청소년 범죄가 점점
늘어나는 추세다.

예의범절은 영어 단어를 외우거나 문법을 외우듯이 기계적인 것
이 아니라 하나의 습관이란다. 즉 예의란 서로 자신을 조금씩 억제
하고 상대방에게 맞추려고 하는 분별과 격식 있는 행위를 말하는
것이다. 그래서 예의범절을 잘 지키는 것이 습관일 것인데, 그 습
관이 좋은 방향의 습관이 되기 위해서는 자기 노력이 필요하단다.

앞에서 옷차림과 용모를 단정히 하여 상대방에게 온화하게 보이는 것이 좋다고 하였는데, 언행을 부드럽게 하는 것과 겸손해야 하는 것도 중요하다. 하고자 하는 의지가 강하여 목적을 달성하는 과정에서 언행은 항상 부드럽게 하고 겸손해야 한다는 것이다. 어떤 일을 진척시킬 때 상대방의 노여움이나 반감을 사서 목적을 달성하게 되면 성취감은 느낄지 모르나, 그것을 지켜보는 사람은 그 사람에 대하여 교만하고 교활하다고 평가하게 될 것이다.

예를 들어서 어느 직장 상사가 술자리에서 부하 직원에게 "술 한 잔 따라 봐!"라고 난폭한 태도로 명령했다고 가정해 보자. 그런 식으로 명령했을 때 그 부하가 진정한 마음으로 상사에게 술을 따라 줄까를 생각해 보아야 한다. 그 부하는 술을 따르지 않고 명령에 불복하는 때도 있을 것이다. 왜냐하면, 상사는 부하에게 보복을 당해도 마땅한 불쾌한 행동을 했으니까 말이다. 명령을 내리기 이전에 정당한 것인가를 먼저 판단하도록 하여라. 정당하다고 판단되는 명령을 내릴 때는 냉정하고도 강력한 의지를 나타낼 필요가 있다. 그렇지만 그것을 감싸서 상대방이 불필요한 열등감을 갖지 않도록 기분 좋게 명령을 따르도록 배려하는 것이 필요하다. 그것은 영환이가 윗사람에게 무엇인가 부탁할 때나 정당한 권리를 요구할 때도 마찬가지란다. 정중하고 겸손한 태도로 부탁하지 않으면 네 부탁을 거절하고 싶어 하는 사람에게 오히려 좋은 구실을 제공하게 되는 결과를 초래할 수도 있다.

정중하고 겸손하게 대하는 반면, 절대로 뒤로 물러서지 않는 끈기와 품위를 잃지 않는 집요함이 필요하다. 그래서 너의 의지가 강하다는 것을 보여 주는 것이 중요하단다. 즉 목적 달성을 위하여 부드러운 언행과 겸손한 자세로 상대방의 마음을 사로잡아야 한다는 뜻이다. 그렇게 하면 적어도 상대방에게 거절할 구실을 주지 않게 된다.

감정이 고조되어 사리분별이 결여된 무례한 말이 서슴없이 입에서 나오려고 하는 때일수록 자기 자신을 누르고 말씨를 부드럽게 겸손하게 해야 한다. 이것은 상대방이 윗사람이든 자기와 대등한 사람이든 자기보다 신분이 낮은 사람이든 모두가 다를 바 없이 똑같아야 한다. 어느 때는 감정이 폭발하려고 할 때도 있을 것이다. 그럴 때는 마음이 가라앉을 때까지 침묵을 지키고 표정의 변화를 상대방이 읽을 수 없도록 심경을 집중시키도록 하여라. 하지만 최악의 경우 더 이상 한 발자국도 양보할 수 없는 상황이라면 상대방에게 아첨하는 나약한 행동을 해서는 안 된다. 그럴 때는 오히려 집요하게 공격을 반복하는 것이 좋다. 동시에 상대방에게도 이쪽의 의지가 강함을 보여주고 자기에게 분개할 이유가 있다는 것을 보여주면서 충분히 알려줄 필요가 있다.

자기는 상대방과 달라서 악의를 품거나 하는 소견이 좁은 행동은 절대 하지 않으며, 자신이 하고 있는 일은 사리분별이 있는 정당방위라는 것을 분명히 밝혀두어야 한다. 이 같은 경우에도 태도는 부드럽고 겸손하게 대하여 상대방이 반감을 갖지 않고 이해하여 움직일 수 있게 유도하는 것이 중요하단다.

토론할 때는 부드럽게 진행하는 것이 좋다. 자신도 상처를 입지 않고 상대방의 인격도 훼손할 마음이 없었다는 것을 태도로 분명히 보여줄 필요가 있다. 의견 대립이 일어날 수는 있는 일이지만, 서로의 사이를 멀어지게 할 필요는 없기 때문이다.

표정이나 말투, 말의 선택, 발성, 품위 이러한 것들이 부드러워지면 말은 자연히 부드러워져서 마치 오케스트라 연주 시 여러 가지 악기가 서로 합쳐져서 아름다운 하모니를 이루는 것처럼 상대방의 감정을 사로잡을 수 있을 것이다.

● 가능한 한 일기 쓰는 습관을 갖도록 하여라

일기는 하루를 마치고 그날에 있었던 중요한 일을 기록하는 것으로서, 일기를 쓰면서 잘못했다고 판단되는 일은 반성의 기회를 갖는 소중한 것이다. 요즘도 학교에서 일기 쓰기를 권장하고 일기장 검사를 한다고 하더구나.

최근 한 인권위원회에서 전통적 관행에 의해 행해지고 있는 초등학교 일기장 검사는 '학생들의 양심과 사생활의 자유를 침해하는 일이며 간섭의 한계를 넘어서는 것'이라고 하여 일기장 검사를 자제해야 한다고 지적하고 있다고 한다. 일기는 개인의 소중한 생활의 기록인데 교사가 일일이 일기의 내용을 읽어봄으로써 학생들이 거짓된 감정과 잘못된 내용으로 채울 수도 있다고 말이다. 또한, 한편에서는 인권위원회의 지적은 겉만 보고 속을 보지 못하는 것이라며 인권위원회의 지적에 동의하기 어렵다는 의견을 내세웠다.

초등학생의 일기장 검사는 여러 가지 교육적 효과가 있다는 것이다. 일기장 검사를 통해 교사와 학생 간의 친밀감이 형성되고 학생들이 말할 수 없는 비밀스러운 고민거리나 속마음을 털어놓기도 한다더구나. 따라서 초등학생의 일기장 검사는 교사들의 양심과 교육적 판단에 맡겨두는 것이 바람직하다는 반론의 의견이 있었다고 한다.

정작 당사자인 학생들의 의견도 일기장 검사를 통하여 선생님의 지도를 받아야 한다는 주장과 개인의 자존심을 침해당하고 공부 시간도 빼앗기기 때문에 쓰지도 말고 검사도 받지 않는 것이 좋다고 주장하는 의견으로 양분되었다고 한다. 그렇지만 나는 전자인 '일기를 써서 선생님께 보여 드리고 검사를 받는 편'에 손을 들어 주고 싶다.

일기의 일과 중 소중한 사건을 기록하고 반성의 기회를 갖는 역할도 중요하지만, 일기를 씀으로써 생각할 수 있는 시간과 문장력을 향상시킬 수 있다는 점에서 쓰는 편이 좋다고 생각한다. 자기만의 비밀이 선생님께 알려질까 두려워 거짓된 감정으로 일기를 쓰게 되면 검사하는 선생님의 지적이 두려워서 오히려 진실하게 쓸지도 모를 일이다.

● 기적은 우연히 오지 않는다

사람들은 성공한 사람들을 두고 흔히 그 사람은 억세게 재수 좋은 사람이라고 말한다. 그것은 물론 노력만으로 성공하는 것이 아니라 행운도 뒤따라야 한다는 사고방식에서 비롯된 것이라고 생각한다. 그러나 결코 행운이 성공을 보장해 주는 것은 아니란다. 성공하는 사람들은 자신들의 능력에다 땀이라는 노력을 함축시킨 결과다.

뇌성마비라는 장애를 가진 정유선이라는 한국 여성이 최초로 외국에서 박사 학위를 받고, 미국 조지메이슨대학 교육대학원 특수교육과 연구 교수로 학생을 가르치고 있는 사례가 있어서 소개한다.

그녀는 세 살 무렵 신생아 황달에 의한 뇌성마비라는 진단이 내려진 후 두 아이의 엄마가 된 지금까지 언어 장애와 지체 장애는 평생 짊어져야 할 십자가처럼 그녀의 곁을 따라다녔다. 제대로 걷지도 못하고 입 밖으로 한마디도 내뱉기가 힘들었던 그녀는 초등학교 입학 첫날, 교단 앞으로 나가 끝까지 자기소개를 하고 돌아왔으나 끝내 울음을 터뜨리고 말았다. 불편한 신체조건에도 포기하지 않고 새벽같이 일어나 체력장 연습을 했던 '악바리'이기도 했다.

그런 기질을 가졌던 그녀는 미국 유학생활에서 포기할 줄 모르는 불굴의 의지로 조지메이슨대학과 코넬대학원에서 컴퓨터공학을 공부했다. 그러다 한 아이의 엄마가 된 후, 넓고도 깊은 사랑과 포용의 가치를 알게 되었고, 세상과 자신에 대한 긍정을 사랑으로 표현하고 싶었다. 이에 장애인들의 불편을 해소시켜 그들의 삶의 질을 높여줄 방법을 연구하는 학문인 보조공학으로 전공을 바꾸고 박사 학위를 받는다.

신체장애에도 교수로, 엄마로, 아내로 하루가 24시간인 것이 아쉬울 정도로 바쁘게 생활하는 그녀에게, "당신은 도대체 누구냐?" 하고 묻는다면 그녀는 서슴없이 이렇게 답할 것이라고 했다. "꿈꾸는 대로 이룰 수 있습니다. 스스로 믿고 한 걸음씩 나가는 저는 세상에서 가장 행복한 사람입니다."라고 말이다.

무언가를 간절히 원하면 이루어진다는 것은 단순히 횡재를 바라는 차원이 아니다. 자신의 욕구를 솔직하게 들여다보고 그것에 집중하여 꼭 이룰 수 있다고 자신을 독려하는 과정이란다. 결국, 우리가 기적이라고 부르는 건 기적이 아니다. 기적이란 우리 인생에서 무언가를 간절하게 원하고 그 고지를 향해 열심히 다가가는 사람에게만 주어지는 선물이다. 간절히 원하고 그것을 위해 노력하면 이루어진다는 평범한 진리만 잊지 않는다면, 앞으로 삶의 과정에서도 기적이라는 보물을 계속해서 찾을 수 있다고 생각한다. 따라서 성공은 실력과 행운의 만남이 아니라 실력과 땀의 만남이라는 이야기가 그녀에게는 가장 적절한 표현일 것이다.

끈질긴 노력 없이 얻어지는 성공은 없단다. 능력을 최대로 발휘시키는 것은 결코 행운이 아니라 피나는 노력이라는 사실을 잊어서는 안 될 것이다. 기적은 기적같이 우연히 오지 않는다. 우리는 흔히 모든 일은 마음먹기에 달렸다고 말한다. "할 수 있다고 생각하면 할 수 있다."는 미국의 위대한 심리학자 '윌리엄 제임스'의 말이란다. 그렇다. 긍정적이고 적극적인 사고방식은 무에서 유를 창조해 내고, 불가능을 가능하게 만들어 주는 마력과도 같은 것이다.

한 유명한 수학자의 학생 시절 이런 이야기가 있단다. 미국 스탠퍼드대학교 4학년 때 그는 수학시험시간에 지각을 했다. 부랴부랴 시험장에 들어간 그는 교수에게 사정해서 가까스로 시험지를 받을 수 있었다. 지각을 했기 때문에 차분한 심정은 아니었지만, 그는 최선을 다해 시험지의 문제를 다 풀었단다. 그런데 시험지의 문제를 다 풀고 나니 칠판에 또 다른 시험문제 두 개가 적혀 있는 것이다. 그는 할 수 없이 칠판의 시험문제를 풀기 시작했다. 그러나 문제가 어찌나 어려운지 도저히 풀 수가 없었다. 그래서 그는 교수에게 가서 이 두 문제는 집에 가서 풀어오겠다고 사정을 했다. 그랬더니 웬일인지 교수가 쾌히 승낙하는 것이었다.

시험문제를 들고 집에 온 그는 3일간을 끙끙댄 끝에 간신히 한 문제만 풀 수가 있었다. 수학에 자신이 넘쳐 있던 그가 이렇게 힘들어 보기는 처음이었다. 결국, 그는 나머지 한 문제는 풀지 못하고 교수를 찾아가 못 풀었다고 솔직히 털어놨더니 교수는 껄껄 웃으면서 "그래? 그래도 자네가 수학에서는 뛰어난 실력을 지녔네. 사실 그 두 문제는 아인슈타인이라도 풀지 못하는 문젤세. 이런 문제도 있다는 것을 학생들에게 가르쳐주기 위해 적어뒀을 뿐이야. 물론 한 문제라도 푼 학생이 없었지." 하는 것이었다.

자, 이 이야기는 무엇을 말해주는 것일까? 처음부터 어렵다는 말을 들은 학생들은 문제를 풀 엄두조차 내지 못했는데 시험시간에 늦게 들어가 그 소리를 듣지 못한 학생은 그나마 한 문제라도 풀었고, 이것이 계기가 되어 그는 후에 유명한 대학교수가 되었던 것이다. 이 이야기는 할 수 있다는 성공의 자화상을 그릴 수 있는 사람이 성공을 얻는다는 것을 말해 주는 일화란다.

성공하기 위해서는 성공하기 위한 과정에서 또한 많은 시련을 겪게 된다. 앞에서 열거한 뇌성마비 정유선이라는 여성이 성공하기까지 겪은 시련과 같이 말이다. "천재란 1%의 영감과 99%의 노력으로 이루어진다." 에디슨의 이 말은 노력의 중요성을 이야기할 때면 어김없이 등장하는 말이다. 1,150여 가지의 발명품을 낸 에디슨을 세상 사람들은 천재라고 이야기하지만, 그의 발명품 중의 하나인 전구가 1,237번의 실패 후에 탄생한 것이라는 사실을 안다면 천재라는 호칭은 쉽게 얻어진 것이 아님을 알 수 있단다. 누구나 보통 이상의 노력을 하면 에디슨 같은 발명왕이 되는 것은 아니라 해도, 각자 재능에 적합한 분야에서 남다른 노력을 기울인다면 성공에 더욱 가깝게 다가갈 수 있는 것이다.

🟢 인내하는 습관을 지녀라

인내는 곧 자기와의 싸움이다. 어떤 상황에서든 자기와의 싸움에서 이길 수 있어야만 성공도 만족도 그리고 명예도 얻어지는 것이란다. 어떤 승부에서도 인내 없이는 결정적 승리를 쟁취할 수 없다. 인내의 과정에서 지혜도 생기고 용기도 키워진다.

한때 육상에서 세계 기록을 보유하고 있던 '아서 윈터'라는 선수가 있었다. 그러나 1948년 8월 런던 올림픽에서 2백 미터 결승 테이프를 끊는 순간까지도 그는 육상계에서 주목받는 인물이 아니었단다. 오히려 같은 국가 출신인 동료선수 '맥킨리'가 세계 최고 기록보유자로서 각광을 받고 있었지. 자메이카의 국민 영웅으로 추앙받고 있던 맥킨리에 비해서 아서 윈터는 거의 무명선수였다. 복싱에 비유하면 윈터는 맥킨리의 스파링 파트너라고 할 수 있을 정도였단다. 그러나 윈터는 인내할 줄 아는 선수였지.

오랫동안 동료로서 맥킨리와 겨뤄본 결과 마음 한편으로 그를 이길 수 있다는 자신감이 들기도 했지만, 그는 몇 년을 꾹 참고 결정적인 순간이 오기를 기다렸다. 실력이 드러나면 당연히 견제를 받기 때문이다.

마침내 1948년 런던올림픽이 열리고 두 사람은 나란히 예선을 통과하여 결승선에 섰다. 인내할 줄 알았던 윈터에게는 두 번 다시없는 기회였다. 출발신호가 울리자 인내와 극기로 무장해 온 윈터가 놀라운 속도로 맥킨리를 앞서 나갔다. 그러고는 단 한 순간도 선두자리를 내주지 않고 결승점에 다다랐다. 놀란 것은 구경하던 사람들이 아니고 우승을 놓쳐버린 맥킨리였다. 그가 자기를 이기리라고는 꿈에도 생각해 보지 않았기 때문이다.

성공은 인내의 월계관이라고 한다. 이 사회는 성공자를 만들기보다 성공을 꿈꾸는 사람을 탈락시키는 곳이란다. 때문에 뛰어난 실력자는 오히려 견제당하고 만다. 이런 견제와 압박을 극복해 나가는 지혜가 바로 인내인 것이다. 자기를 이기는 자, 곧 인내할 줄 아는 사람이 진정한 승리자임을 절대 잊어서는 안 된다.

2012년 런던올림픽에서 메달을 획득하여 역사상 유례없는 종합 5위의 성적을 거두어 온 국민에게 눈물과 기쁨을 선사한 태극 전사들의 수상 소감은, 그야말로 하나같이 피눈물 나는 인고의 시간을 견뎌냈다는 것이었다. 어떤 선수는 "죽기 살기로 싸웠어요. 죽기로 했어요."라는 시적인 말을 해 온 국민을 감동시켰다. 이러한

것을 통해서도 인내할 줄 아는 사람이 결국 승자가 된다는 것을 알
수 있다.

🟢 시련을 통해 자신감을 가져라

　세상을 살면서 한 번도 시련을 겪지 않은 사람은 거의 없을 것이
다. 오히려 시련과 좌절을 자주 경험할수록 능력도 키워지고 온갖
어려움과 역경 속에서도 꿋꿋이 버틸 힘이 생겨나는 것이다. 나무
들을 보아라. 나무들에 있어 겨울은 바로 시련이다. 추운 바람으로
잎이 지고 성장을 멈추게 한다. 그러나 이런 시련의 계절 겨울이,
나무를 성장시키는 시기라는 걸 알아야 한다. 겨울의 모진 추위를
이기는 동안 나무들은 새롭게 움틀 봄을 준비한단다. 우리 눈에 보
이지는 않지만, 잎이 무성할 때보다 더 왕성하게 내일을 기다리는
것이다. 비록 성장은 멈춰져 크지는 못하지만 성장하지 못하는 겨
울에 나무들은 나이테를 한 겹씩 늘려가며 단단해진다. 시련의 겨
울은 그래서 나무를 키우는 계절이라고까지 한단다.

　기업도 마찬가지다. 시련을 겪지 않은 가운데 성장 가도만 달려
온 기업은 조그만 시련에도 크게 흔들리게 마련이다. 시련을 이기
는 체질을 겪어보지 못한 탓이겠지. 그래서 경제가 불황이고 경기
가 침체했을 때 더 성장하는 기업이 있는가 하면, 시련을 견디지

못하고 쓰러지는 기업도 많단다.

견디기 힘든 불황과 침체의 시기는 언제나 찾아오는 것이다. 이런 시련의 시기를 극복할 수 있는 사람만이 생존할 수 있고, 이런 시련 속에서 성장의 지혜를 깨우치는 사람만이 날마다 새롭게 변화해 가는 환경에 적응할 수 있는 것이란다. 시련은 바로 내일의 성장을 위한 디딤돌 바로 그것이다.

고난을 두려워하지 마라. 시련을 고맙게 받아들이도록 하여라. '추운 겨울에 배워야 한다'는 기다리는 나무처럼 시련의 긴 터널 속에서 내일을 준비하는 지혜를 배워야 한다는 뜻이다. 우리에게는 언제나 많은 시련이 기다리고 있단다. 불에 달군 쇠가 단단하듯 병든 조개만이 진주를 품는 것처럼 시련을 겪은 사람이 보다 큰 성공을 약속받는 것이다.

일본에서 있었던 이야기이다. 한 광고회사에서 아르바이트 학생을 고용하여 광고카피를 맡겼다. 물론 처음부터 큰 기대는 하지 않았다. 소질만 발견된다면 채용해서 교육을 한다는 생각에서였다. 그런데 이변이 일어났다. 한 학생이 작성해 올린 광고 문안이 기존 카피라이터보다 훨씬 좋았던 것이다. 광고회사 사장은 그 학생을 만나보고 당장 정식 채용하겠다고 말했다. 보수도 후히 주고 많은 관심을 기울이며 지켜보았다. 그러나 사장은 곧 실망하고 말았다.

소질이 특출한 것으로 인정받았던 그가 회사에 정식 채용되자 그토록 샤프하고 독창적이던 카피가 나와 주지 않은 것이었다. 아르바이트할 때보다 여건도 나아졌고 작업 환경도 좋아졌을 텐데. 어째서 그럴까? 그 학생에 대한 기대가 컸던 때문에 광고회사 사장은 그때까지도 미련을 버리지 못하고 사람을 시켜 학생의 생활 환경을 세심히 알아보았다고 한다.

그랬더니 다 찌그러져 가는 판잣집에서 살고 있었고, 부양해야 할 가족도 많다는 사실을 알 수 있었다. 이를 알게 된 사장의 뇌리에 하나의 영감이 떠올랐다. 사장은 학생을 불렀다. "여보게, 자네는 오늘부터 예전처럼 아르바이트로 우리 일을 해주게. 좋은 카피는 언제든 받아들이지." 이렇게 해서 학생은 다시 아르바이트생으로서 광고 문안을 작성하게 되었다. 생활은 자연 예전처럼 어려울 수밖에 없었다.

자, 과연 이 학생의 그 후 일은 어찌 되었을까? 학생은 다시 전과 같은 놀라운 재능을 발휘하게 되었고, 그 결과 일본 광고업계에서 손꼽히는 카피라이터로 성공했다고 한다. 시련의 쓰라림 속에서 위대한 예술이 탄생하듯 인간에게 있어 성공하기 위한 시련은 더없이 소중한 자극제 역할을 한다는 것을 알 수 있단다.

🟢 자립정신을 가져라

치열한 생존경쟁의 현대를 살면서 남의 도움만으로는 살 수가 없다는 것쯤은 누구나 깨닫는 일이다. 인생의 무대는 그만큼 냉정하고 혼자 싸워 이기라고 요구하고 있다. 즉 자발의지, 자립의 의지가 없어서는 안 된다는 것이다.

동물의 세계를 보자. 혼자 살아가는 곰도 어릴 때는 어미 곰으로부터 사냥하는 법, 나무 타는 법, 고기 잡는 법을 배운다. 또 위험이 닥쳤을 때 자기를 보호하는 법도 어미 곰이 가르쳐 준다. 그러나 어느 정도 성장해서 혼자 살아갈 만하다고 느껴지면, 어미 곰은 새끼들을 나무 위에 올려놓고 사라진다. 뒤를 돌아다보는 일도 없이 자취를 감춰버리는 것이다. 자, 그다음부터는 새끼 곰 차례란다. 그들이 어떻게 나무 위에서 내려와 어떻게 먹이를 잡아가며 생존하느냐 하는 것은 오직 그 자신의 문제가 되어 버리는 것이다.

하찮은 동물이지만 곰들의 세계도 우리 인간들과 하등 다를 바 없단다. 가정이 있고 부모가 있고 가족이 있을 때는 도움을 받는다. 그러나 사회에 나서면 그때부터의 문제는 전적으로 자기 자신의 문제가 된다. 영원한 보호자는 없단다. 우리는 마치 새끼 곰처럼 나무 위에 있는 것과 마찬가지다. 겁이 많아 내려오지 못하면 굶어 죽고, 또 내려온다 해도 발을 잘못 디디면 불구가 되고 만다. 그럼에도 혼자서 이 경쟁의 치열한 무대에서 우뚝 설 수 있는 자립의 용기, 자립의 지혜가 필요한 것을 배우게 되지. 요행수를 바라지도, 남의 도움을 기대하지도 않는 사람만이 꿋꿋하게 설 수가 있

단다. 또 그러한 의지가 정신력에 무한한 에너지를 발휘시키는 것
이다.

　너도 성장하면 할아버지 할머니가 항상 네 곁에 계시지 않을 터
이니, 언제든 자립정신으로 홀로서기 해야 한다는 것을 늘 명심하
여라.

지금부터
스스로 가치를
높여라

● 초등학교 때 가능하면 기초 한문공부를 하여라

얼마 전에 신문기사를 보니까 2012년 10월에 태국 방콕에서 열린 '세계 문자올림픽'에서 우리나라 한글이 1위를 했다는 기사가 있었다. 문자의 구조, 글자 수, 문자의 결합능력 등에서 탁월한 문자로 선정된 것이다. 2위는 인도의 텔루구어 문자였고, 영어의 알파벳이 3위에 그쳤단다. 이러한 점을 고려하면, 세종대왕이 창제한 한글이 국제적인 공용어는 아니지만, 우리가 IT 시대를 선도하는 데 다른 어떤 문자보다 중요한 역할을 하고 있는 것 같다.

미국의 언어학자 데이비드 해리슨 박사에 의하면 지금 지구 상에는 모두 6,912종류의 언어가 있다고 한다. 그중 2050년까지 90%가 사라질 것이나, 한국어는 5대 언어로 생존한다는 것이다. 우리가 국력이 커지고 경제력과 인구가 많아지면 세계 공용어로 변모할 가능성도 있다는 결론을 내놓았다. 이렇게 자랑스러운 우리글과 말이 있지만, 글로벌 무역을 통해 성장해야 하는 현대의 우리에게 외국어는 필수 불가결한 존재다. 외국어 능력을 갖추게 되면 글로벌 무역체계에서 경제적으로 유리한 입장에 서게 되기 때문이다.

이웃 나라 홍콩과 싱가포르는 정부 규제가 비교적 적은 우수한 시장경제 체제라는 장점도 있지만, 그보다 대부분의 국민이 영어를 자유롭게 구사하면서 국제적인 거래 관계에서 좀 더 우위를 차지하고 있다. 또한, 소득 창출 면에서도 유리한 입지를 점유하고 있는 것은 정부 차원에서의 영어의 습관화 교육과 홍보의 힘이 컸던 것이 분명하다.

영환이에게 강조하고 싶은 것은 향후 다가오는 지식기반 경제체제에서 소득향상의 관건은 '누가 더 지적 역량을 갖추느냐'에 따라서 좌우된다고 할 수 있단다. 국가 경쟁력의 원천은 무형의 자산인 지식에서 나오고, 지식은 누가 더 빨리 효율적으로 흡수하고 활용하느냐가 중요하다는 뜻이다. 20여 년 전까지만 해도 한국에서 제1외국어 하면 영어와 독일어, 불어가 그다음을 이어갔지만, 이제는 달라지고 있단다. 기술 혁신의 중심축이 아시아로 이동하고 있고, 특히 중국의 경제 지배력이 급상승하고 있는 상황에서 중국어는 매우 중요한 역할을 차지하고 있기 때문이지.

우리가 쓰는 일상용어는 일부 문법적인 형태의 말이나 순 한글 몇 가지를 제외하면 모두가 한자라고 해도 과언이 아니다. 한문이 싫고 배움의 필요성을 느끼지 못한다는 것은 배움의 본질을 잊은 거라고 할 수 있단다. 한문은 원래 삼국시대부터 사용한 우리 선조의 과거 문자이기도 하다. 한문 자체의 필요성뿐만 아니라 배움의 본질을 가진 이상 한문 학습의 필요성은 충분한 것 같다. 또한, 중국어의 모체가 한문이기 때문에 우리가 한문을 미리 익혀두면 중국어를 익히는 데도 크게 도움이 된단다. 우리의 옛 문헌과 고사성어, 격언, 속담 등이 대부분 한문으로 기록되어 있기 때문에 우리가 통상 이를 독해하기 어려우며, 우리말로 번역해 놓은 것도 한문에 대한 기본 소양 없이는 충분히 이해하기 어렵다. 그러므로 우리의 한문교육은 전통문화를 이해하고 계승, 발전시킬 수 있는 문화적 풍토를 조성해 준다는 점에서 매우 중요하단다.

한국인의 지식역량을 빨리 키우려면 일어와 중국어를 배우는 것이고, 여기에서의 핵심은 한자란다. 어려서 한자교육을 받지 않아도 일어와 중국어를 습득하는 것이 불가능하지는 않지만, 나이 들어서는 기억력이 떨어져서 효율성이 부족해진다. 그러므로 초등학교부터 천자문을 비롯하여 기초한문을 익히고 중·고등학교나 대학에서 중국어를 익힌다면 더욱 효과적이라고 생각한다.

나의 경우 선친께서 서당 훈장을 하신 관계로 초등학교 입학 전에 천자문을 비롯하여 상당한 한문공부를 하고 난 뒤 늦은 10살에 초등학교를 입학한 관계로, 어린 시절에 배웠던 기억이 생생하며 지금도 그때 배운 기초한문 실력 덕분에 사회생활과 직장생활에 큰 도움이 되었단다. 이렇듯 초등학교 때부터 한자어와 한문을 익혀 언어생활에서 바르게 읽고 쓰며 한문기록에 담긴 선인들의 삶과 지혜, 사랑과 감정을 이해하여 건전한 가치관과 바람직한 인성을 함양한다면, 전통문화를 계승 발전시키고 한자 문화권 내에서의 상호 이해에도 큰 도움이 되리라 생각한다.

앞으로는 문교방침에도 초등학교부터 기초한자교육을 시행하고 중·고등학교부터는 한문과목을 필수로 지정한다고 하더구나. 우리말의 70%가 한자인 점을 고려하면 한문공부가 꼭 필요하다는 것을 명심하여라.

● 전래 동화책을 많이 읽어라

가능하면 함축하고 있는 것을 이해하며 전래동화를 많이 읽어라. 전래동화를 읽으면 우리의 생활모습, 지혜, 교훈 등을 얻을 수 있단다. 수백 년, 수천 년을 전해 내려오는 이야기에는 어린이에게 도움을 주는 숨은 뜻과 교훈이 담겨 있다.

전래동화는 첫째, 어린이에게 역경과 싸워 이기라는 메시지를 주고 있다. 인생에는 늘 고통과 어려움이 있게 마련이다. 그럴 때는 피하려 들지 말고 정면에 나서서 싸워라. 그러면 역경을 차차 극복하게 된다. 또한, 그렇게 여러 번 하다 보면 극복에 익숙하게 된다는 메시지가 있다. 이것은 동화 내용이 처음에는 어려움을 겪지만 결국 성공하는 주인공을 보여 줌으로써 점점 더 어린이들에게 자신감을 갖게 해준다는 것이다.

둘째, 동화는 어린이에게 도덕을 가르쳐준다. 동화를 듣는 어린이가 본받고 싶어 하는 주인공은 옳거나 나쁜 인물이 아니다. 어린이는 불쌍한 인물을 선택해 자기와 동일시하며, 동시에 자기가 싫어하는 동화 속의 인물을 가장 먼저 솎아낸다. 어린이는 주인공이 좋은 일만 한다고 해서 그를 택하는 것이 아니라 그에게 동정심이 가기 때문에 택하는 것이다. 왜냐하면, 현실적으로 자기가 어른들과 형, 누나보다 힘없고 세상 물정을 모르고 실수를 연발하는 불쌍한 존재이기 때문이다. 그렇다고 어린이가 도덕성을 선택기준으로 삼는 것도 아니다. 다만 이야기 속에서 어린이가 동정하는 주인공이 늘 착한 일만 하기 때문에 어린이는 부지불식간에 간접적인 도덕교육을 받는 것이다.

셋째, 동화는 어린이로 하여금 자기의 정체성을 세우도록 도와준다. 즉 동화 속의 여러 인물을 놓고 어린이에게 그중 주인공을 고르게 한 다음, 주인공이 서서히 힘을 길러 독특한 안목을 가진 줏대 있는 사람으로 되어가는 것을 보여줌으로써 어린이가 자신의 모델을 세우도록 도와준다.

넷째, 동화는 어린이에게 직접 체험을 통해 자신의 인격을 발전시키도록 촉구한다. 위험을 피하지 않고 뛰어들어 체험하면 얻는 것이 있음을 알려준다.

다섯째, 동화는 어린이를 사회화시킨다. 동화 속의 주인공이 줄곧 혼자 역경을 헤쳐나가는 것이 아니라 다른 사람이나 동물들을 만나 도움을 주고받아 마침내 행복해지는 것이기 때문에, 어린이는 여기서 자기 혼자 힘으로는 살 수 없음을 배우고 다른 사람들과 사귀는 방법을 배워나간다.

여섯째, 동화는 어린이에게 참을성을 심어준다. 동화 속의 주인공이 당장은 배가 고프지만 참고 견디면 뒤에 행복한 결과를 맞는다는 것과 그런 욕구를 참지 못해 일을 저지르면 곧이어 고통과 생명의 위험을 맞게 된다는 것을 알려주어 어린이는 인내심과 극기심을 배우게 된다. 요컨대 마음이 쾌락원칙에 따라 지금의 욕구 충족 쪽으로 움직이는 것보다 주위 사정을 살피고 장래를 생각하는 현실원칙에 따라 움직이도록 하라는 교훈을 준다.

끝으로 동화는 치료의 의미를 지니고 있다. 동화는 권선징악이라는 교훈을 통해서 어린이가 현재 자기가 처한 고난을 헤쳐나갈 방법을 암시해 주고 보상받을 것을 알려줌으로써, 어린이의 상처 받은 마음을 치료하여 준다. 이처럼 동화가 어린이에게 주는 메시 지는 매우 크단다. 그러니 전래동화책을 많이 탐독하여라.

🟢 가능한 스트레스를 받지 않도록 하여라

요즘 언론보도로는 청소년의 정신건강 문제가 심각하다고 한다. 전국 초·중·고 학생 가운데 100만 명이 넘는 학생이 정신건강에 대해 지속적인 관심이 필요하거나 심층상담이 필요한 '주의군'으 로 조사되었다고 한다. 교과부는 앞으로 학교 내에 담당자를 의무 적으로 지정하게 하고 매 분기별로 1회 이상 학교상담을 받게 하 는 등 관리를 강화하기로 했다고 한다.

정신질환이란 정신적으로 건강하지 못한 상태를 말한다. 정신적 으로 병적인 증세가 없을 뿐만 아니라 자기능력을 최대한 발휘하 고 환경에 대한 적응력이 있으며 자기 생활을 처리해 나갈 수 있 는 성숙한 인격체를 갖추어야 하는데, 정신적으로 이상이 있거나 정신 질환이나 정신장애가 발생하여 감정과 행동이 병리학적으로 특징지어지는 상태라고 학자들은 규정한단다. 정신 질환을 예방 하기 위해서는 건전한 개인 생활의 유지와 원만한 대인관계, 그리 고 성숙한 사회생활이 중요하다고 한다.

WHO에서 정의하는 정신건강은 신체만 의미하는 것이 아니라 마음, 정신, 영적, 사회적 안녕까지 광의적으로 정의하고 있다. 신체, 마음, 정신, 영혼, 가정, 사회의 안녕까지가 건강의 한 범주임을 명심하여라. 이 모든 영역의 건강을 함께 유지하면 삶의 질이 높아질 수 있음을 잊지 말고 항상 대비하는 것이 좋다. 특히 마음이 상할 때는 스스로 자존감을 높이는 것이 중요하다. 왜냐하면, 자신의 존재가 너무 소중하기 때문이다.

모든 정신 질환은 스트레스에서부터 시작한다고 한다. 스트레스가 지나치면 심신장애나 정신적 장애가 나타날 수 있으므로, 가능한 한 느긋한 마음을 갖도록 하고 스트레스를 받지 않도록 해라.

미국 NBC 방송에서 스트레스를 이기는 법 10가지를 소개했다고 한다. 스트레스 치료 전문의들이 제시한 이 10가지 방법은 다음과 같다. 참고하여 스트레스를 다스리는 데 활용하여라.

1. 가족과 친구의 도움을 받아라.

피츠버그대학의 정신 외상 치료 전문의 마거리트커 박사는 "당장 필요한 것은 가족과 친구의 도움을 받는 것"이라고 했다. 스트레스를 가져온 문제들을 가족, 친구들에게 이야기하면 스트레스가 줄어든다는 것이다.

2. 매일 하던 일을 계속하라.

워싱턴대학 정신과 전문의 캐로 노스 박사는 "아침에는 늘 조깅을 하고 토요일 저녁에는 외식을 했다면 중지하지 말고 그대로 계속하라"고 권고한다. 평소에 하던 일을 계속하다 보면 위안을 얻게 되고 스트레스가 가라앉는다는 것이다.

3. 운동을 충분히 하라.

하버드대학 심리학 교수인 마크 시거트 박사는 "걷기, 화단 가꾸기, 조깅, 수영 등 무슨 운동이든 좋지만 가장 효과적인 것은 요가"라고 말한다. 운동은 스트레스의 해독제가 되며 특히 요가는 불안을 이완시키는 효과가 있다고 한다.

4. 카페인이나 알코올의 과다 섭취를 피하라.

카페인과 알코올은 수면을 방해하고 더 우울한 기분으로 만든다.

5. 충분한 휴식을 취하라.

악몽 때문에 잠을 푹 잘 수 없다면 짧게라도 수면을 취할 것을 전문가들은 권한다. 밤중에 잠이 오지 않으면 불을 끄고 눈을 감고 그냥 누워있어도 된다.

6. 식사를 제대로 해라.

인스턴트 음식으로 때우지 말고 제 때에 식사하는 게 좋다.

7. 사교활동을 하라.

평소에 하지 않는 것이라도 외출해서 저녁 식사를 하고 춤을 추거나 재미있는 영화와 연극을 보는 것이 도움된다.

8. 자원봉사 활동을 해라.

시커트 박사는 남을 도와주는 일을 하다 보면 무력감이 사라질 수 있다고 말했다.

9. TV 앞에 붙어있지 마라.

TV에 무서운 장면이라도 나오면 오히려 불안만 더해진다. 차라리 인터넷을 즐기거나 신문을 읽는 것이 낫다.

10. 자신의 증세를 인정하라.

직장이나 집에서 무엇 때문에 마음의 상처를 받았는지를 솔직하게 정리하라는 것이다. 단순한 이야기 같지만 "자신에게 무엇이 잘못되었는지를 시인하지 않으면 치유가 어렵다"고 시거트 박사는 말한다.

● 올바른 생활습관으로 건강관리를 잘하도록 하여라

살아가는 데 있어 건강은 그 무엇보다도 중요하지만, 건강을 지키는 것 또한 무척 어려운 일이다. 우선 건강을 지키기 위해서는 평소 올바른 생활습관이 건강을 좌우한다고 한다. 하지만 알면서도 지키지 못하는 것들도 많고, 잘못된 건강 상식 때문에 피해를 보게 되는 경우가 허다하다. 그래서 내가 알고 있는 건강 상식을 알려주려고 한다. 그동안 네가 알고 있었던 건강 상식이 올바른 것인지 아닌지 확인해 보고, 건강을 지키는 데 최선을 다하도록 하여라.

우선 정기적으로 건강검진을 받도록 하여라. 내 몸은 내가 챙기고 아껴야 하기 때문인데 '시간이 없어서'라든지, '나는 괜찮다'하는 마음에 건강검진을 받지 않게 되면, 나중에 몸속에 질병이 있는 것을 모르고 병을 키울 수가 있다. 그러니 건강검진을 통해 미리미리 예방하는 것이 매우 중요하다.

둘째로 적정한 수면시간을 갖도록 하여라. 잠이 보약이라는 말도 있다. 그만큼 수면은 우리 생활에 무척이나 중요한 역할을 한다. 수면시간이 짧으면 교감신경이 우세해져서 면역력이 떨어지고, 수면시간이 너무 길면 림프구가 지나치게 많아져서 무기력해진다. 그래서 면역력을 유지하려면 적정 수면시간이 필요하다. 그렇다고 하루 10시간 넘게 자서 아침 늦게 일어나거나, 올빼미처럼 낮에는 잠만 자고 한밤중에 활동하면 부교감신경이 우세해져서 일에 의욕이 생기지 않게 된단다. 간혹 어떤 사람은 자는 시간이 아깝다고 하는데 수면시간이 짧으면 건강에 치명적으로 해를 끼

칠 수 있다. 통상 의사가 말하기를 하루 적정 수면시간은 6~7시간이 좋다고 하더구나. 최소한의 적정 수면시간을 지켜서 면역력을 높이도록 하여라.

셋째로 평소에 바른 자세를 갖도록 하여라. 요즘 서구화된 생활습관으로 아이들을 뒤에서 지켜보면 바른 자세로 의자에 앉아 있는 아이가 거의 없는 것 같다. 엎드리거나 옆으로 누워서 공부한다든지 구부리고 앉아 있기도 하고 걸을 때도 어깨를 구부린 자세로 걷는 경우가 많은데, 그런 경우 성장판에 자극을 주어서 좋지 않다고 한다. 특히 성장기에는 바른 자세를 유지하는 것이 매우 중요하단다. 점프 운동이나 스트레칭 운동과 줄넘기 운동은 성장판을 자극하여 유연하게 하는 운동이므로 매일 30분 이상씩 규칙적으로 하도록 하여라. 특히 성장에서 가장 중요한 것이 성장판이 열려 있을 때 관심을 두고 노력하지 않으면 성장 치료의 효과를 볼 수 없음을 명심하여라.

다음으로 올바른 식생활을 하도록 하여라. 올바른 식생활을 하기 위해서는 우리가 흔하게 말하는 6대 영양소를 섭취하는 것이다. 6대 영양소란 탄수화물, 단백질, 지방, 비타민, 미네랄, 식이섬유를 말한다. 될 수 있으면 달고 자극적인 음식과 패스트푸드는 피하고 자연식품의 섭취를 통해 건강을 지키는 것이 좋다. 6대 영양소 중에서 가장 중요한 것은 비타민이라고 할 수 있다. 비타민은 인체 내에서 형성되지 않기 때문에 반드시 음식을 통해서 흡수하거나 약제를 통해서 흡수해야 한다.

비타민은 인체의 신진대사 조율에 없어서는 안 될 매우 중요한 영양소라고 할 수 있단다. 특히 겨울을 보내고 봄을 맞는 계절에는 체내에 비타민 소비가 많아 의식적으로 비타민을 챙겨 먹어야 한다. 비타민에 대해서는 우리나라의 권위자로 꼽히는 모 대학교 교수이신 이왕제 교수가 쓴 『올바른 비타민 복용법』에 나오는 내용을 소개하고자 한다.

비타민은 지용성 비타민(A, D, E, K)과 수용성 비타민(B군과 C)으로 나뉜다. 지용성은 과다하게 복용하면 오히려 해로울 수 있으나 수용성 비타민은 과다 복용해도 체내에는 남지 않으므로 다소 많이 먹어도 괜찮다고 한다.

매일 같은 시간대에 복용하는 것이 좋고 공복에는 위장 장애를 일으킬 수 있으므로 피하는 것이 좋으며, 한 번에 과다하게 복용하지 않는 것이 좋다고 한다. 또한, 비타민제는 녹차와 홍차의 타닌 성분이 약물의 고유 성분이 변화하여 약효가 저하하므로, 차와 함께 복용하지 않는 것이 좋다고 한다. 비타민 3~6g 정도를 매일 복용하면 우선 감기 예방에 좋고, 대상포진 예방, 염증이 제거되며, 괴혈병 예방, 면역력 증강, 상처 치유, 노화 방지, 만성피로 예방, 당뇨와 고혈압·치매 예방에도 좋다고 한다.

인간은 태어나는 순간 누구도 늙어서 죽는다는 생각을 하지 못합니다. 더구나 늙는다는 사실조차 생각하지 않습니다. 그러나 생물학적으로 생명을 생각할 때 생명이 시작되면 곧 그것은 생명의 끝을 향해서 가는 길임을 부인할 수가 없습니다. 즉 모체의 뱃속에서 태어나는 그 순간이 시작이라고 생각하기 쉬우나 태어나기 이미 약 10개월 전에 생명체의 삶은 시작됐고, 태어나는 순간 소위 늙음의 과정에 이미 진입해 있음을 부인하기 어려운 것이 생물학적 측면의 현실입니다. 상식적으로 생각해 볼 때 인류의 역사가 시작된 이래로 수없이 많은 탄생과 죽음이 거듭됐습니다. 곧 모든 사람은 죽게 마련이라는 사실입니다. 치명적인 사고나 질병으로 죽지 않더라도 결국은 늙어서 죽는 것이 생명체의 숙명이라 생각할 때 죽음으로 향하는 늙음의 과정이 무엇인가 하는 것을 한 번 생각해 봄 직합니다.

필자는 아이러니하게도 프랑스의 한 핵물리학자가 지상에 발표한 인간의 수명에 관한 주장을 보고 실소를 금할 수 없었습니다. 왜 수많은 의학자나 생물학자들에 의해서 주장되지 못하고, 아주 엉뚱하다고 할 수는 없을지 모르나 그렇게 적절하다고는 볼 수 없는 핵물리학자가 그러한 내용을 발표해야만 했는가, 해서 말입니다. 그의 주장으로는 인간은 유전적으로 125세까지 살 수 있도록 계획이 되어 있다고 합니다. 그 근거로 여러 학자의 연구 내용을 들고 있는데 핵물리학자의 이야기임에도 학문적으로는 꽤 설득력이 있음을 볼 수 있습니다.

예를 들어서 인간의 유전자에 머리카락이 25회 생겨나게끔 계획이 되어 있다고 하는데, 실제 머리카락 하나의 수명이 5년 정도 되기 때문에 인간의 유전적으로 계획된 수명은 125년이라는 것입니다. 또한, 사람의 피부세포는 약 2년의 주기를 가지고 계속해서 새로운 세포가 생겨나는데, 유전적으로 약 60번 정도의 주기가 유전자에 계획되어 있기 때문에 역시 인간의 유전적으로 계획된 수명이 125세 근처라는 것이 그의 주장입니다. 아울러 동물에 따라서 주기의 횟수가 다르기 때문에 동물마다 유전적으로 정해진 수명이 있다는 것입니다.

사실 상식적으로 생각해 보아도 의문이 생기는 것이지만, 수명이라는 측면에서 생물체의 삶을 생각해 볼 때 왜 동물마다 수명이 다를까요? 예를 들면 실험동물로 많이 사용되는 쥐의 경우 아무리 좋은 조건 속에서 키워도 3년 이상을 살지 못하고, 장수의 상징인 거북이의 수명은 학문적으로 밝혀져 있지 못할 정도로 길며, 극단적으로 하루살이의 수명은 하루에 불과할까 하는 생각을 해 볼 때, 수명의 생물학적 면모에 피상적이나마 접근이 가능하리라는 생각이 듭니다. 즉, 앞서 프랑스 핵물리학자의 지적과 같이 수명을 결정하는 데 중요한 것으로 유전인자가 작용할 수밖에 없다는 생각이 듭니다.

　이러한 상식선 상에서의 추론은 실제 많은 의학자나 생물학자들에 의해서 깊이 있는 학문적 사실로 밝혀지고 있습니다. 즉 최근의 노화이론에서 거의 정설로 받아들여지고 있는 프로그램설(노화유전자설)이 바로 그것입니다. 난자와 정자의 만남으로 시작되는 발생의 과정이 수없이 많은 다른 기능을 가진 계통으로 분화하여 한 개체를 이루고, 그 개체가 성장하는 과정이 각각에 해당하는 유전인자의 조절 하에 질서정연하게 이루어지고 있음이 학문적으로 거의 명백하다 할 때, 어느 순간부터 표현되는 늙음의 과정에도 유전인자가 관여할 수밖에 없을 것으로 믿어집니다.

　이러한 정설에 가까운 이론에도 노화의 과정에 대한 우리의 의문은 불식될 수가 없습니다. 동물마다 수명이 다른 것은 노화유전자설에 전적으로 의존할 수밖에 없다고 치더라도, 그러면 왜 같은 동물군 내에서도 수명의 차이가 나타나는 것일까요? 아프리카의 어느 족속은 평균 50세의 수명을 살지 못하는가 하면, 동구의 어느 지역에는 평균수명이 100세가 넘어서 지구 상의 많은 사람의 입에 회자되는 것일까요? 이를 보면 각 개체의 수명을 결정함에 있어서 노화유전자설 이외에 다른 이론이 있어야 할 것이라는 흥미로운 생각이 듭니다.

　노화유전자설 이외에 현재 학계에서 제기되고 있는 노화의 이론을 보면 착오설, 교차 결합설, 신경생물학적 학설, 유리기설과 내분비설 등이 있습니다. 이 중에서도 교차결합설과 유리기설이 많은 학자들에 의해서 가장 설득력 있게 받아들여지고 있습니다.

교차결합설이란 쉽게 이야기해서 늙으면 겉으로 드러나는 노화의 현상들에 대한 설명으로서 예를 들면 젊었을 때의 싱싱하며 곱고 탄력성이 넘치는 피부가 나이가 들면서 탄력성을 잃고 거칠고 딱딱해지는 현상을 설명해 주는 이론이라고 할 수 있습니다. 관절의 유연성이 사라지고 눈의 수정체에 탄력성이 사라져 원근조절이 잘되지 않아 돋보기를 써야 하는 이유들을 설명해 주는 생화학적인 바탕의 설명이라고 할 수 있습니다. 즉 우리 몸을 이루는 단백질 중에 가장 많은 것이 아교단백질인데 이 단백질 분자와 분자 사이에 교차결합이 생김으로 단백질이 굳어져서 탄력성을 소실하게 된다는 것입니다. 어떠한 이유로 이러한 교차결합이 생기는지에 대해서는 아직 잘 알려져 있지 않은데, 그 교차결합을 끊어줄 수 있는 효소가 발견되면 노화의 예방에 상당한 기여를 할 것으로 생각됩니다.

유리기설이라는 것은 생명체가 생명현상을 유지하기 위해서 에너지원을 흡수하여 활용하는 과정 중에 부득이 생기는 활성화 산소(일명 발생기산소 혹은 유해산소라고도 함)에 의해서 정상세포들이 끊임없이 공격을 받아 세포들이 노쇠해진다는 이론으로, 최근 많은 학자들에게 각광받는 노화의 이론이라 할 수 있습니다. 이 경우에 발생기산소가 갖는 강한 산화력을 제거해 주면 노화의 과정을 어느 정도 저지해 줄 수 있다는 것이 많은 학자들의 지적입니다. 물론 정상적으로도 특정한 효소에 의해서 활성화 산소가 제거되지만 완벽하지 못하기 때문에 비타민 C나 비타민 E와 같은 항산화제의 복용이 권유되어지는 것입니다. 또한 실제 많은 사람이 이를 목적으로 비타민 C와 같은 항산화제를 복용하고 있는 것은 잘 알려진 사실입니다.

노화의 이론이 어떤 것이든 간에 어느 한 이론이 노화 과정의 기전 전체를 설명해 줄 수는 없으리라 생각됩니다. 우리 주위를 둘러싸고 있는 많은 환경 조건들이 복합적으로 작용할 것으로 생각됩니다. 예를 들면 매일매일 섭취하는 음식물을 통한 영양분의 공급 상태, 한순간도 멎을 수 없는 호흡과 관련하여 공기의 오염정도 등, 이 모든 것이 직접 간접으로 노화의 과정에 관여할 수밖에 없다고 생각할 때 노화과정에 대한 간단한 설명은 사실상 불가능하다고 보아야 할 것 같습니다.

그러면 성경 속 인물들의 현저한 인간 수명 단축을 통해 하나님께서 우리에게 보여주시고자 하는 것은 무엇일까요? 필자는 그 결론으로 인간들의 죄에 대한 하나님의 징계라는 생각을 금할 수가 없습니다. 성경을 다시 자세히 살펴보면 최소한 노아시대를 전후한 시대에는 수명에 큰 변화가 없었음을 알 수 있고, 노

아의 홍수를 통해서 일단 인간의 타락을 심판하시고, 다시 물로
는 심판하지 않으시겠다며 그 약속으로 우리에게 무지개를 주셨
습니다. 그런데 그 이후로 인간들은 또다시 타락의 길로 접어들
고 말았습니다. 특히 창세기 11장의 초반에 나오는 바벨탑 사건
은 근본적으로 하나님과 같아지려는 가장 커다란 죄악이라고 생
각해 볼 때, 그 이후로 또 다른 징계가 준비될 수밖에 없지 않았
나 하는 생각을 지울 수 없는 것입니다.

실제 그러한 사실을 증명이나 하려는 듯 창세기 11장에는 노
아의 세 아들 중 셈의 후예에 대한 이야기가 나오면서 서서히 단
축되어 가는 수명 얘기가 다시 언급되고 있습니다. 창조시대에
서 족장시대로 넘어가면서 수명이 약 1/10 정도로 감소하였는
데, 분명 인간의 주위환경이나 내적 환경에 큰 변화가 있었음에
틀림없다고 볼 수 있을 것 같습니다.

의학, 그것도 기초의학을 전공하는 기독의사로서 생각해 볼
때 하나님께서 징계의 의미로 인간의 내적 환경에 내린 변화는
과연 무엇일까요? 필자가 거의 10년에 가까운 세월을 두고서 공
부하고 연구해 온 비타민 C에서 그 신앙적 유추를 해볼 수 있을
것 같습니다.

즉 인간의 내적 변화 중에서 언급할 수 있는 것은 인류사의 초
기(정확한 연대는 미상)에는 분명 체내에서 합성이 되었다고 하는 비

타민 C가, 언제부터인가 체내합성이 중지되어서 외부로부터 섭취하지 않으면 안 되게 되었다는 것이 현재 알려진 사실입니다.

물론 이 두 사실(급격한 수명 단축과 비타민 C의 체내합성 정지) 사이의 시간적 인과관계를 과학적으로 증명할 방법은 없습니다. 다만 노화의 이론 중에서도 많은 학자들의 지지를 받고 있는 유리기설과 관련하여 오늘날 인간의 수명단축에 대해 할 수 있는 성경적 유추라 할 수 있겠습니다.

이 유리기설이 종양의 발생과도 긴밀한 관계가 있다고 하니 분명 비타민 C의 체내합성 정지는 하나님의 징계임에 틀림없습니다. 그럼에도 하나님을 앎으로 이 글을 읽고 또 그로 인해 암에도 걸리지 않고 장수할 수 있다면, 이는 분명 죄로부터 자유로워진 자에 대한 하나님의 진정한 복주심이 아니고 무엇이겠습니까?

끝으로 치아관리를 잘하여라. 오복 중의 하나라고 하는 치아는 어렸을 때부터 잘 관리하여야 한다. 치아는 우리에게 무척 중요한 역할을 하므로 어렸을 때부터 항상 청결하고 깔끔하게 치아를 관리하는 습관을 들이도록 해라. 네 나이가 12살이 되어 이제부터는 유치가 다 빠지고 영구치가 자리 잡게 될 거다. 요즘 음식문화가 발달해서 올바르지 못한 생활 습관으로 청소년에게 잇몸질환이 증가하고 있다고 한다. 특히 패스트푸드나 인스턴트식품으로 인해 치아 건강에 문제가 생기는 경우가 많다고 하니 될 수 있으면 섭취하지 않도록 하여라. 그리고 학업 때문에 스트레스와 수면부족으로 인한 면역력 악화 등은 청소년기 흡연으로 이어지는 경우가 많다고 한다. 흡연은 입속 건강뿐 아니라 전체적인 신체까지 망가뜨리는 것이란다.

우리나라 청소년 중 85% 이상이 충치가 있다는 보도가 있다. 건강한 치아 관리를 위해서는 정기적으로 양치질하는 습관을 들이는 것이 좋다. 충치는 입안에 남아 있는 음식 잔여물을 제거하는 것으로 충분히 예방할 수 있다고 한다. 청소년기에 자칫 스케일링이 필요 없다고 생각하여 스케일링을 하지 않는 경우가 많은데, 치석은 치주질환의 원인이 되므로 전문의에 의하면 정기적인 스케일링을 하면 좋단다.

● 가정의 소중함을 항상 간직하여라

영환이도 장차 장성하면 결혼하여 가정을 이루게 될 것이다. 그때의 가정이 얼마나 소중한지를 미리 알려주겠다. 우리가 살아가고 있는 사회가 점점 삭막해져 가면서 가정의 소중함을 새삼 느끼게 된다. 이 시대의 가정의 소중함을 더욱 절실히 느끼게 해준 첫째 이유는 우리가 피곤한 시대에 살고 있기 때문이다.

현대 사회의 특성 중 하나는 어디를 가든 졸고 있는 사람들이 눈에 띈다는 사실이다. 버스나 전철에서는 물론이려니와 교실과 클럽에서도 마찬가지란다. 이는 모두 지쳐있기 때문이지. 이런 시대에 살면서 마음 편히 쉴 수 있는 곳이 있다는 것은 실로 고마운 일이다. 그러나 우리는 착각할 때가 있다.

호화로운 호텔이나 최고의 시설에서 최고의 서비스를 받으며 평생을 살아야 행복할 것이라는 착각이란다. 글자 그대로 우리 집, 오두막집일지라도 우리 가정이 최고라는 사실은 이미 경험을 통하여 배우고 있는 사실이다. 우리의 영혼이 갈구하고 있는 평화를 찾을 수 있는 유일한 곳은 우리 집, 곧 우리 가정이란다. 소박한 밥상을 놓고서도 서로 기뻐하며 감사하는 생활과 가족 상호 간에 서로 존중해 주고 칭찬을 아끼지 않는 위로와 격려를 해주는 아름다운 가정이 바로 최고의 행복한 가정이라고 생각한다.

예수님은 가정에서의 의무를 다하심에 30년의 세월을 보내셨다. 공적인 생활을 보내신 것은 단지 3년이셨다. 우리는 하나님이 주신 가정과 가족들로 인하여 늘 감사드리는 것이 도리라고 생각한다.

성경 말씀의 디모데전서 5장 8절에서는 자신의 가정을 제대로 돌보지 않는 이들에 대하여 "누구든지 자기 친족, 특히 자기 가족을 돌아보지 아니하면 믿음을 배반한 자요 불신자보다 더 악한 자니라."라고 가르치고 있단다.

우리가 사는 이 시대에 그 어느 때보다 가정이 소중해진 두 번째 이유는, 우리가 조급하고 초조한 시대에 살고 있기 때문이다. 그러기에 우리에게는 여유 있게 마음 편히 쉴 수 있는 공간, 속내를 털어놓고 이야기할 수 있는 사람들이 있는 장소, 거기에는 누구도 우리의 꿈을 비웃거나 우리의 실패를 조롱하거나 우리의 아픔을 모르는 척하지 않을 그런 장소가 바로 가정이라는 곳이다.

밖에서 하루의 일을 마치고 지친 몸과 마음으로 집으로 들어갔을 때에 따뜻이 맞아주는 가족이 없고, 이야기를 들어주는 상대가 없고, 때로는 넋두리나 짜증을 받아주는 사람이 없다는 것이 얼마나 삭막하고 힘든 일이겠는가를 생각해 보아라. 그래서 어느 시인은 가정이 없는 사람을 '정박할 항구가 없는 배'에 비유하여 표현하기도 하였다.

수면을 취하고 식사를 하는 등 피로회복을 통하여 새로운 에너지를 만들어 내는 곳으로 가정은 그날그날의 에너지를 재생산할 뿐만 아니라, 새로운 생명의 탄생과 그 육성의 기능도 맡고 있다. 우수한 인간을 만들고 정신의 안정을 얻고 싶은 것은 인간 고유의 욕구이며, 그것을 위해 인간은 가정생활을 더욱 풍요롭게 영위하고 싶어 한다. 그러기 위해서는 남녀노소를 불문하고 가정 구성원 전원이 보다 아름다운 가정이 되도록 협력함이 필요한 것이다.

세계적인 '자동차 왕'으로 불리는 미국의 '헨리 포드'는 사업에 성공한 후 처음으로 자기의 아주 작은 집을 지었다고 한다. 그 집은 자신이 농부의 아들로 태어나 어렸을 때부터 뛰어놀던 밭 한가운데에 지은 작은 집이었다고 한다.

어느 날 헨리 포드의 부하직원이 새로 지은 집을 방문하였다. 그런데 새로 지은 집이 너무나 작고 초라해서 부하직원이 물었다.

"사장님, 집이 너무 작습니다. 사장님 격에 맞게 다시 건축하면 어떻습니까?"

그러자 헨리 포드가 말했다.

"건물을 세우는 건 문제가 아닌데, 그 속에 가정을 세우는 것이 문제지……."

그때 다시 부하직원이 물었다.

"사장님이 이룬 일들 가운데 가장 크고 중요하게 여기는 것은 무엇입니까?"

헨리 포드는 다시 대답했다.

"그것은 바로 나의 가정이네!"

오늘날 바쁜 삶 속에서 가정을 소홀히 하기가 쉽다. 하지만 가정을 소홀히 하다 보면 우선 삶의 안정을 찾을 수가 없게 된다. 그러므로 가정은 우선 가족들이 편히 쉴 수 있는 안식처가 되고, 웃어른으로부터 많은 것을 배우며, 기쁜 일이나 슬픈 일이나 힘들고 괴로운 일들을 함께 나누고, 사랑을 주고받으면서 삶을 살아가고, 능력을 키울 수 있는 터전이기에 무엇보다 소중한 것이란다.

『성공의 미래』라는 책을 보면 이런 내용이 나온다. 미국의 클린턴 정부의 초대 노동부 장관이었던 '로버트 라이시'가 어느 날 갑자기 장관직을 그만두고 가정으로 돌아가 버렸다. 그는 이 책을 통해서 장관직을 사퇴한 배경을 밝혔다.

라이시는 장관이 되어 일에 파묻혀 날마다 밤늦게 퇴근해야 했다. 장관이 되기 전 매일 저녁마다 어린아이들에게 해주던 굿나잇 키스도 못하게 되었다. 미안했던 라이시는 어느 날 아들에게 전화를 걸어 오늘도 늦게 갈 수밖에 없어 굿나잇 키스를 해주지 못해 미안하다며 혼자 잠자리에 들라고 말했다. 그러나 아들은 아무리 늦게 들어와도 좋으니까 들어오면 자기를 꼭 깨워달라고 고집을 부렸다. 라이시는 아들에게 그 이유를 물었다.

아들은 "아빠가 집에 있다는 걸 확인하기 위해서"라고 대답했다. 그 말을 듣는 순간 라이시는 망치로 머리를 얻어맞는 것 같은 충격을 받았다. 그리고 망설임 없이 사직서를 썼다. 노동부 장관은 일과 일하는 사람들의 문제를 해결하는 사람이다. 가정이 가족 때문에 일하고 우리가 일하는 진정한 목적을 일깨웠다는 점에서 그 결단에 박수를 보내는 마음이다.

가정을 위해 산다는 기쁨이야 말로 최고의 행복이란다. 이처럼 가정의 소중함은 아무리 강조해도 지나칠 것이 없다. 또한, 가정은 하나님께서 우리 인류에게 부여해 주신 첫 번째 선물이자 삶의 근원지가 되기 때문이다. 가정에서도 가장 중요한 위치를 차지한 것이 바로 어머니란다.

얼마 전에 돌아가신 황수관 전 연세대 교수의 강의내용을 보면, 어떤 조사기관의 앙케트 조사 결과 이 세상에서 가장 아름다운 영어 단어 중에서 첫 번째가 '마더mother' 즉 어머니라는 단어였다고 했다. 예로부터 여자를 가리켜 '집사람'이라고 하기도 하고 또는 '안식구'라는 호칭으로 불러왔었다. 이것은 곧 '가정을 지키는 사람'이라는 의미이기도 하다. 그래서 가정의 화목은 어머니의 역할이 더욱 크다고 할 수 있다. 이다음에 네가 장성하여 내가 일러준 가정의 소중함을 항상 간직하고 창조주이신 하나님이 가정의 호주가 되어 영원히 멸망하지 않는 아름다운 가정을 이루기 바란다.

● 훌륭한 삶의 진정한 의미를 깨닫도록 하여라

학생들에게 "왜 학교에 다니니?" 또는 "왜 공부를 열심히 하니?" 하고 물어보면, 대부분 학생들은 "훌륭한 사람이 되려고요!"라고 대답한다. 훌륭한 삶을 이해하고 있는지의 여부는 다음 질문에서 본색이 드러나게 된다.

"어떤 사람이 훌륭한 사람이냐?"

"공부를 열심히 해서 의사가 되는 거예요." "판사가 되겠어요." "돈을 많이 벌어 부자가 될 겁니다." 등등.

물론 그래야지. 좋은 직장을 갖고 경제적인 능력이 있는 생활인이 되는 것, 그것이 선결 조건이다. 그러나 그것이 훌륭한 사람의 절대적인 조건은 아니란다. 훌륭한 사람의 삶은 인간으로서 기본적인 욕구나 충족시키면서 사는 평범한 삶이 아니라, 보다 고차적인 질 높은 삶을 사는 것이다.

　정말 훌륭하게 사는 것이 어떻게 사는 것인지 알아볼 필요가 있다. 훌륭한 삶은 이기적인 삶이 아니란다. 자신이 가진 것 중 가장 소중한 것을 그것이 필요한 사람에게 나누어주는 것, 이러한 삶을 실천하는 것이 훌륭한 삶임을 사회적 가치로 자리매김해야 우리 사회가 더욱 질 높은 사회가 될 수 있다.

　시간이 필요한 사람에게는 시간을! 지식이 필요한 사람에겐 지식을! 돈이 필요한 사람에게는 자신이 가진 돈을 나누어주면서 사는 것이 진정으로 의미 있는 삶이다.

　버스에 먼저 앉은 좌석권 하나도 몸이 불편한 사람이나 노인에게 양보해 주지 못하고 사는 삶이라면, 그것이 어떻게 훌륭한 삶이라 할 수 있겠는가? 물질문명의 시대, 감각주의 시대를 살면서 훌륭한 사람으로 산다는 것은 쉬운 일이 아니란다. 훌륭한 사람이 되기 위해서는 먼저 자신의 인격을 갈고 닦아야 하는 것이 가장 선결 문제다. 욕망의 존재로서의 이기적인 인간의 심성을 바꾸지 않고서는 이타적인 삶이 불가능하단다.

　순수한 마음, 책임감, 용기 있는 행동, 정직한 품성, 인간에 대한 애정, 자신에 대한 객관적이고 냉철한 자기비판과 수련, 자연과 사회를 변증법적으로 이해할 수 있는 합리적인 사고, 판단력……. 보다 소중한 것은 인간에 대한 애정이다. 사람이 사회 속에 살아가기 위해서는 갖춰야 할 것이 너무도 많다. 몇 가지 예를 들어보자.

구약성경 사무엘서에 보면 이런 이야기가 나온다. 어떤 성에 두 사람이 살고 있었는데 한 사람은 부자였고 한 사람은 가난하였다. 부자에게는 양도 소도 많았지만 가난한 사람에게는 품삯으로 얻어 기르는 암컷 새끼 양 한 마리밖에 없다. 그는 이 새끼 양을 제 자식들과 함께 키우며 한 밥그릇에서 같이 먹이고, 잘 때는 친딸이나 다를 바 없이 품에 안고 잤다. 그런데 하루는 부잣집에 손님이 한 사람 찾아왔다. 부잣집 주인은 손님을 대접하는데 자기의 소와 양이 아까워서 그 가난한 집의 새끼 양을 빼앗아 대접했다. 그러자 나단이라는 선지자가 다윗 왕에게 이런 이야기를 했을 때 듣고 있던 다윗 왕은 대단히 화를 냈다.

"저런 죽일 놈! 세상에 그럴 수가 있느냐! 그런 인정머리 없는 짓을 한 놈을 그냥 둘 수가 없다. 그 양 한 마리를 네 배로 갚게 하리라."

듣고 있던 나단 선지자가 말하기를 "임금님이 바로 그 사람입니다."

권력의 상징이요 생사의 여탈권을 잡고 있던 다윗 왕에게 '당신이 바로 그 사람'이라고 말할 수 있었던 사람이 나단 선지자다.

권력 앞에서 진실을 말할 수 있다는 것! 우리는 그것을 용기 있는 행동이라고 한다. 용기 있는 나단 앞에서 다윗 왕은 "내가 하나님 앞에 죄를 지었소!" 하고 회개한다.

다윗 왕이 저지른 죄란 무엇일까?

어느 날 '밧세바'라는 여인이 목욕하는 장면을 훔쳐보다 그녀에게 반한 다윗은 자신의 권력을 이용하여 그녀를 취한다. 그녀가 임신을 하자 그 사실을 숨기기 위하여 변방에 근무하고 있던 그녀의 남편 '우리야'를 불러서 동침하게 한다. 그러나 우리야는 충직한 신하였기 때문에 근무 중에 아내의 방에 들어가지 않는다는 법률을 지켰다. 다윗은 자신의 불륜을 숨길 수 없게 되자 우리야를 전방에 보내 죽을 수밖에 없는 전투에 참가시켜 죽게 한 후 밧세바와 혼인한다. 우리야의 아내였던 밧세바와 다윗왕의 사이에 태어난 아이는 하나님의 노여움으로 죽지만, 그 후 다시 태어난 아들이 솔로몬 왕이 된다.

나단 선지자가 다윗 왕에게 양과 부잣집 주인 이야기를 해준 시기는 다윗이 불륜행위를 감추기 위해 정부의 남편을 전쟁에 보내 죽게 한 바로 그때였단다. 가난한 사람의 양을 뺏은 '죽일 놈'이 바로 다윗 왕이었던 것이다.

우리가 권력 앞에서 진실을 말하기 위해서는 나단처럼 자신의 신분상 모든 불이익이나 생명까지도 내어놓을 각오가 되어 있을 때 가능하단다. 3·15의거는 이승만 독재정권의 부정선거에 항거하여 일어났으며 4·19혁명으로 역사에 기록되었다. 3·15의거 때

총알이 날아오는 거리에서도 자신의 목숨을 아끼지 않고 진실을 외치던 젊은이가 있었기 때문에 4·19혁명이 가능했던 것이다.

애기봉에 묻혀 있는 3·15 의거 사망자 16명을 포함한 사상자 49명은 중·고등학생을 비롯한 구두닦이 소년 등 대부분 피 끓는 청소년과 불우한 청년 노동자들이었다. 총칼 앞에서 죽음을 두려워하지 않고 불의에 항거한 사람, 그런 사람을 우리는 정의로운 사람이라고 부른단다.

우리는 역사 속에서 삼별초의 항전에서부터 동학농민전쟁에 이르기까지, 그리고 일제 식민지 시대에 상해와 만주, 3·15와 4·19 혁명에서 자신의 생명을 던져 조국을 지킨 의로운 분들을 기억하고 있다. 그분들은 자신의 목숨을 던져 이름 없는 이국땅에서 혹은 고문으로 혹은 감옥에서 굶주림과 고통으로 죽어간 것이다.

훌륭한 사람은 자신의 이익을 위해, 부귀영화를 누리고자 노력하는 사람이 아니란다. 친구를 위해 이웃을 위해 자신의 불이익을 감수하거나, 조국을 위해 때로는 처자식을 돌보지 못하거나 부모님의 병간호나 임종까지도 지켜보지 못하는 불효자가 되면서까지 조국과 민족을 위해 외로운 투쟁의 길을 걸어온 사람들이다. 온갖 고문과 투옥 그리고 죽음까지도 불사하고 투쟁한 사람을 우리는 정의로운 사람이라 부른다. 전봉준, 조헌, 김천일, 유관순, 신채호, 그리고 이름 없이 숨져간 수많은 의사, 열사, 어려운 이웃을 위해 자신의 재능이나 가진 것을 아낌없이 나누며 사는 사람……. 훌륭한 사람이 되는 길은 자신의 안일이나 명예를 위해 살아가는 그런 사람이 아닌 것이다.

조국과 민족을 위해 자신의 모든 것을 바쳐 살아가는 사람은 자신의 행위에 대한 보상을 바라고 하는 일은 아니다. 근시안적인 행복관을 가진 사람은 자신이나 혹은 자기 가족의 안일이나 부귀영화를 위해 혼신의 힘을 쏟아 살아가지만, 훌륭한 사람일수록 조국의 해방과 민주화를 위해 자신의 행복이나 명예를 초개같이 버릴 수 있는 용기가 필요한 것이란다.

인간은 누구나 고통을 회피하려는 본능적인 욕구를 갖고 있다. 그러나 이상의 실현을 위해 자신을 불태우는 열정이 더욱 큰 자아를 완성한다는 것을 그들의 삶을 통하여 배울 수 있는 것이다. 가장 훌륭하게 사는 것은 자신이 처한 현실에 대하여 자기 자신의 위치를 판단하고 감사하며 겸손하게 사는 것과 네 부모님과 같이 살아 있을 때보다 죽었을 때 이름이 빛나는 삶, 그런 삶이 바로 훌륭한 삶이라고 생각한다. 그리고 너의 부모님을 한꺼번에 잃어버리고 악몽의 나날을 보내시는 할아버지 할머니께 네 부모님을 대신해서 가능하면 즐겁게 살게 해 드리고, 효도하면서 살도록 하여라.

너의 조부모님에게는 자식을 홀연히 떠나보낸 정신적 고통뿐만 아니라 경제적 고통도 있을 것이다. 흔히 노인이 되면 사고四苦에 시달린다고 한다. 경제적인 고통이라고 하는 빈고貧苦와 대화상대가 없어서 외로운 고독고孤獨苦에, 일정한 할 일이 없어 무료해지는

무위고無爲苦와 나이 들면 온갖 질환이 찾아오는 병고病苦에 시달리
게 된다.

　내가 살펴본 바로는 너희 할아버지 할머니도 예외가 아닌 것 같
으니 각별히 주의하여 살펴드리도록 하여라. 그것이 곧 너의 삶 중
에서 애정과 효도가 넘치는 참삶이요 훌륭한 삶이 될 것이다.

● 행복은 가까운 데서 찾아라

　행복의 사전적 의미는 "모자라는 것이 없이 기쁘고 넉넉하고 푸
근하다."라는 뜻이다. 그런데 현대사회는 행복과잉시대라고 할 수
있다. 드라마나 영화에서는 매일 행복한 사람들의 화려한 일상이
펼쳐지고, 상품 광고하는 것을 보면 '이것을 사면 당신은 행복해질
겁니다.'라는 메시지를 계속해서 보내고 있다. 행복이 바로 상품화
되어 간다는 뜻이다. 그래서 사람들은 행복을 돈을 주고 살 수 있
다는 착각 속에 빠지게 된단다. 그러나 물질적 충족에 의한 행복은
순간이며 짧고 허망할 뿐이다. 왜냐하면, 지금 내가 가진 것보다
더 좋은 물건은 항상 있게 마련이며, 우리 인간의 욕심은 끝이 없
기 때문이다. 나를 행복하게 했던 물건은 그보다 더 좋은 것을 발
견하는 순간 불행의 원인이 되고 만다. 그것밖에 못 가졌기 때문에
불행해지고 마는 것이란다.

다행히 돈이 많아서 원하는 물건을 샀다고 치자. 그보다 더 좋은 물건은 없을까? 그러다 보면 돈이 아무리 많아도 행복해질 수 없다. '행복의 높낮이는 행복의 강도가 아니라 빈도의 차이'라고 정의한 사람도 있다. 즉 행복이란 큰 것이 아니라 일상생활을 통한 기쁨과 즐거움 또는 보람이라는 감정을 자주 느끼는 가운데 있단다.

실제로 각 나라의 행복지수를 조사한 결과 행복지수가 가장 높은 나라는 잘사는 나라가 아닌 후진국인 방글라데시나 나이지리아 같은 가난한 나라였다고 한다. 결국, 행복은 돈과 상관없이 현재의 삶에 얼마나 만족하느냐에 달려 있다.

원하는 것을 가질 수 있다면 그것은 커다란 행복이란다. 하지만 그보다 더 큰 행복은 갖고 있지 않은 것을 원하지 않는 것이다. 행복이란 모든 것이 완벽한 것을 말하는 것이 아니다. 행복이란 불완전함 너머에 있는 것을 보려고 마음먹는 것이다. 부족하지만 스스로 행복하다고 느끼는 사람이 진정 행복한 사람이란다. 진정한 행복은 아주 작은 것에서부터 얻을 수 있기 때문이다.

내가 며칠 전 차를 운전하고 가다 라디오를 들으면서 감동의 눈물을 흘린 적이 있다. 〈지금은 라디오 시대〉라는 프로에서 실제 감동적인 사연을 소개하였는데, 이야기인즉 15세 소녀의 이야기다.

지금부터 8년 전 소녀의 어머니가 골수암으로 돌아가신 후 자기 아버지가 아이들을 감당할 능력이 없어서 동생과 함께 고아원에 맡겼단다. 그런데 옆집에 살고 있던 한 여인이 평소에 아이들을 안타깝게 지켜보았는데, 고아원에 맡겨진 어린 자매가 너무 불쌍하고 가여워서 자신이 아이들을 키우겠다며 데리고 온 지가 올해로 8년째라는 것이다.

그 소녀는 어느새 자라 중학생이 되었고, 소녀는 그동안 따뜻한 사랑으로 키워주신 양부모님에 대한 감사함과 지금의 행복함을 편지로 써서 낭독하였단다. 이다음에 커서 은혜에 보답하겠다고 울면서 편지를 읽어 내려가는 순간, 나도 눈물이 나와 참을 수가 없었다. 흐르는 눈물을 도저히 주체할 수가 없어서 운전하다 한쪽 갓길에 차를 세워놓고 한참을 그렇게 울었단다.

'세상에는 나쁜 사람도 있지만 천사같이 좋은 사람도 많이 있구나!'라고 생각하면서 자매를 키워주신 양부모님께 진정으로 감사의 찬사를 보냈다. 생면부지의 아이들을 사랑과 정성으로 키워주신 훌륭한 양부모님의 사랑을 받으며 성장해 가는 이 소녀의 행복감은 그 어느 행복과도 바꿀 수 없는 행복이라고 생각한다.

성경 말씀에 "사람이 친구를 위하여 자기 목숨을 버린다면 이에서 더 큰 사람이 없나니."(요한복음 15:13)라는 구절이 있다. 너의 부모님은 위에서 가르치신 말씀의 사명을 다하셨고 너는 그 부모의 아들이니 그 자체가 행복이라고 생각하면 더 큰 행복은 없으리라 생각한다. 또 다른 성경 말씀을 빌리자면 "마른 떡 한 조각만 있고도 화목한 것이 육선이 집에 가득하고 다투는 것보다 나으니라."(잠언 17:1)라는 말씀이 있다. 행복은 외적인 조건보다 내적인 조건에 의

존해야 한다. 다시 말해서 많은 물질을 소유하는 것보다 비록 적은 물질을 소유하였더라도 기쁨이 넘치고 만족해한다면 그것이 곧 행복이라는 뜻이다.

풍요롭다고 해서 행복이 가득하리라는 생각에서 벗어나야 한단다. 비록 마른 떡 한 조각이라도 서로 나누어 사이좋게 먹는 것이 진정한 화목이요 행복인 것이다. 그러므로 행복의 비결은 재물을 늘리는 것보다도 욕망을 제어하는 마음을 가져야 한다는 뜻이다.

성공한 사람들의 행복 조건으로 어떤 사람은 "행복이란 어느 날 결과물로 하늘에서 뚝 떨어지는 것이 아니다. 보상이나 돈이 이따금 행복감을 주기도 하지만 그것은 행복을 구성하는 중요한 요소 가운데 하나일 뿐"이라고 했다. 행복하기를 소망하는 사람이 있다면 그는 자신이 가진 행복에 대한 의미를 깊이 새겨보아야 한다고 본다. 또 어떤 사람은 "분노하고 불평하는 사람들이 늘어나는 이 시대에 행복은 분이 제조할 수 있는 것이라는 말을 들려주고 싶다."라고 행복의 조건을 주장한다.

어떤 사람은 "행복조건으로 5력力을 갖추라."고 한다. 5력이란 매력, 체력, 노력, 능력, 협력을 말한다. 자본주의 사회에서는 행복의 조건 중에 재력이 꼭 들어가야 한다고 생각하지만, 5력을 갖추었을 때 재력은 저절로 따라오게 되어 있기에 재력에 대한 부분은 걱정하지 않아도 된다고 말하고 있다.

어떤 성공한 사람은 "내가 행복한 이유는 내가 행복하다고 수시로 말하기 때문이다. 또한, 시간은 생명이다. 돈이라면 회수될 수 있어도 시간은 회수될 수 없기 때문이다. 시간은 두었다가 쓸 수 있는 것도 아니고 봉급처럼 미리 가불해서 쓸 수 있는 것도 아니다. 주어진 시간에만 사용할 수 있고 시간이 지나면 무효가 되는 것이어서, 시간 사용에 있어서는 구두쇠 중 왕 구두쇠가 되어서 시간을 아껴 써야 행복하다.”고 말하고 있다.

또 다른 성공한 사람은 “건강한 신체에 깃든 마음은 더불어 건강하다. 육체는 영혼이 머무는 집이다. 정결하게 유지해서 그 안에 깃든 영혼이 순수해질 수 있도록 해라. 행복한 마음을 가지려면 몸의 건강을 돌보는 것을 우선으로 해라.”라고 말하고 있다.

얼마 전에 『우리는 행복한가?』라는 책을 읽은 적이 있다. 이 책의 내용은 대략 이렇다. 행복을 객관적으로 ‘측정’할 수 있을까. 행복이란 워낙 주관적이고 감정적이어서 도저히 측정할 수 없다고 보는 시각이 지배적이다. 따라서 학문적으로 행복을 다루는 것은 부적절할뿐더러 불가능한 일로 치부된다. 하지만 과연 그럴까? 책은 행복 역시 객관적인 학문의 영역에 들어올 수 있다고 주장한다. 경제학자인 저자는 엄밀한 경제학의 영역에서 행복을 다루는 것이 가능하며, 마땅히 다뤄야 한다고 목소리를 높인다.

우선 행복을 둘러싸고 있는 ‘조건’에 대해 살펴볼 수 있다. 행복의 조건 중 돈, 즉 경제적 조건이 큰 비중을 차지한다는 데 누구나 동의할 것이다. 그렇다고 개인이 돈만 잘 벌면, 사회 또는 국가가 높은 경제성장만 이루면 행복은 저절로 증대될까? 이 책에 따르면, 거의 예외 없이 모든 나라 모든 지역에서 소득수준이 높을수록 행복감도 커지는 것으로 나타난다. 따라서 미국처럼 부유한 나라는 행복한 사람들로 넘쳐나야 하고, 반대로 필리핀이나 방글라데시 같은 가난한 나라는 불행한 사람들로 들끓어야 한다. 그러나 연구 결과, 부유한 나라와 가난한 나라는 행복하다고 느끼는 사람의 비율에서 별 차이를 발견할 수 없었다. 개인의 차원에선 소득이 늘어날수록 행복감 역시 커졌으나, 사회 전체의 차원에서는 국민소득이 높아진다고 해서 행복한 사람의 비율이 증가하지 않는다는 것이다. 심지어 "선진국에서는 소득수준의 향상이 국민의 행복뿐만 아니라 개인의 행복에도 별 보탬이 되지 않는다."는 학설까지 제기됐다.

소득과 행복에 관한 연구들을 종합해 보면, 평균적으로 대략 1만 달러 내지 1만 5천 달러의 개인소득을 기준으로, 이보다 낮은 수준에서는 소득이 늘어남에 따라 개인의 행복지수가 큰 폭으로 높아진다. 그러나 일단 이 기준점을 넘어서면 소득이 늘어나더라도 개인의 행복감은 별로 커지지 않는다. '경제성장 효용체감의 법칙'이 작용하는 것이다. 따라서 선진국에선 지속적인 경제성장에도 행복지수가 높아지지 않으며, 그 외의 조건들이 행복을 좌우한다. 그래서 내가 생각하는 행복은 가까운 데에서 찾아야 하고, 마음먹기에 달렸다고 생각한다.

비록 열악한 환경에서 살고 있다 하여도 지금 나 자신이 행복하다고 생각하면 그게 바로 행복이다. 반대로 넉넉한 경제조건과 좋은 환경에 살면서도 자신이 스스로 불행하다고 생각하면 그것이 불행일 수밖에 없다는 것을 명심하여라.

　친절이란 누구나 다 알고 있듯이 상대방을 대하는 태도가 매우 정겹고 고분고분 함을 뜻하며 상대방을 존중하고 기분 좋게 만들어 주는 표현이라고 할 수 있다. 다시 말해서 친절이란 남을 배려하는 따뜻한 마음에서 출발한다고 할 수 있다.

　친절은 누구나 다 아는 단어이지만 갈수록 각박해지고 예민해지는 이 시대에 실천하기가 쉽지 않다. 오히려 불친절이 난무하고 있다. 그러나 내 자신이 친절을 베풀 수 있는 것만으로도 감사해야 하며 친절한 삶이 기본이라는 것을 명심하여라.

　미국의 어느 도시에 있었던 일화이다. 비가 와서 가구점에 손님이 없으니 점원들은 가구점에 빙 둘러 앉아서 서양장기를 두며 잡담을 나누고 있었다. 그때 다리를 저는 할머니 한 분이 가구점 밖 처마 밑에서 뭔가를 찾고 있는 것 같았다. 이따금씩 힐끗 힐끗 안쪽을 쳐다보면서 가구점 안에 있는 진열된 가구를 구경하는 모양이었다.

그 모습을 본 한 점원이 재빨리 문을 열고 처마 밑에서 비를 피하고 있는 할머니에게 말을 건넸다. "할머니 비 오는데 거기 계시지 말고 가게 안으로 들어오셔서 구경하세요." 그러자 할머니는 "아닐세, 젊은이. 나는 지금 차를 기다리고 있는 중이네. 물건을 사러 온 사람이 아니야."라고 말씀하셨다. 그럼에도 불구하고 점원은 할머니를 가게 안으로 모시고 왔다. 청년은 빗물이 뚝뚝 떨어지는 할머니 우산을 받아주고 자기가 앉아있던 의자를 권한 후 쉴 수 있도록 하였다.

잠시 뒤에 기다리던 차가 왔다. 점원은 할머니가 차에 안전하게 타실 수 있도록 부축해 모셔 드린 후 가는 길에 드시라고 초콜릿을 손에 꼭 쥐어 주었다. 할머니는 그 점원에게 고맙다며 명함 한 장을 요구하였다.

그 뒤 여러 날이 지났다. 어느 날 깜짝 놀랄 만한 편지 한 통이 가구점에 배달되었다. 그 편지는 당시 강철 왕으로 이름 나있던 카네기의 친필 편지였다. 편지의 내용은 이러했다.

"일전에 비오던 날 어머니께 베풀어 주신 친절에 진심으로 감사를 드립니다. 어머니의 요청에 따라서 이번에 스코틀랜드에 짓고 있는 저택의 가구와 우리가 새로 짓고 있는 회사에 들어갈 가구 일체를 당신의 가구점에서 구하고자 합니다. 단 한 가지 조건이 있습니다. 처음부터 끝까지 당신이 책임지고 처리해 주시기 바랍니다."

바로 그 점원에게 온 편지였다. 말하자면 이 점원은 작은 친절에 대한 엄청난 보상을 받게 된 것이다.

주위에 작은 친절이라도 베풀 수 있기를 바란다. 톨스토이는 좋은 사람을 만나길 바라기보다 내가 먼저 좋은 사람이 되라고 하였다. 그리고 좋은 사람과 훌륭한 사람의 최대 장점은 일상생활에서 아주 작은 일에도 친절과 사랑을 베푸는 것이라고 하였다. 친절을 베풀어서 운명이 바뀐 비슷한 사례가 있다.

비바람이 몰아치는 깊은 밤, 미국 필라델피아의 작고 허름한 호텔에 노부부가 찾아왔다. 노부부는 옷이 흠뻑 젖은 채 호텔 안내원에게 물었다.
"예약은 하지 않았습니다만 혹시 빈방이 있습니까?"
안내원은 얼른 수건을 내주며 닦으라고 말했다.
"죄송하지만 빈방이 없습니다. 하지만 다른 호텔에는 빈방이 있을지 모르니 잠시만 기다려 주십시오."
안내원이 근처호텔 이곳저곳으로 연락을 해보았지만 주말이라 그런지 어느 곳에도 빈방이 없었다.
"죄송합니다. 근처의 호텔에는 빈방이 없습니다."
노부부가 난감한 표정을 짓자 안내원이 조심스럽게 말했다.
"비바람이 몰아치고 새벽 1시가 되었으니 괜찮으시다면 누추하지만 제방에서 주무시는 건 어떠신가요?"

“오, 그렇게 해주겠소? 우리야 좋지만 그럼 당신은?”

“제 걱정은 마십시오.”

안내원은 씩씩하게 대답하더니 노부부를 자기 방으로 안내했고 그분들은 그 방에서 하룻밤을 지낼 수 있었다.

다음날 아침 프런트로 내려온 노신사가 흐뭇한 미소를 지으며 안내원에게 말했다.

“당신 덕에 편히 쉴 수 있었소. 모르긴 몰라도 당신은 세계 최고의 호텔 경영인이 되어도 누구보다 잘할 사람 같군요.”

“과찬이십니다. 어쨌든 잘 쉬셨다니 다행입니다. 부디 안녕히 가십시오.”

그로부터 2년이 지났고 안내원은 노신사에 대해 까맣게 잊고 있었다. 그러던 어느 날 난데없이 그의 앞으로 뉴욕행 비행기 티켓과 함께 편지가 한 장 배달되었다. 2년 전 자신의 방에서 하룻밤을 지낸 노신사가 보낸 편지였는데 그 편지에는 자신을 꼭 방문해 달라는 내용이 담겨 있었다. 그는 영문도 모른 채 보내온 티켓으로 뉴욕으로 날아갔다.

공항에 도착하자 멋진 캐딜락이 그를 기다리고 있었다. 그를 태운 캐딜락은 어떤 웅장하고 으리으리한 호텔 앞에서 멈췄다. 그가 차에서 내리자 노신사가 따스한 미소로 그를 맞으며 웅장한 호텔을 가리키며 이렇게 말했다.

“이제야 호텔이 완공이 되었다오. 당신에게 이 호텔의 경영을 맡길 테니 잘 운영해 보시오. 이 호텔은 당신 것이요.”

이 안내원이 바로 뉴욕의 최고급 아스트리아 호텔의 사장인 죠지 볼트라고 한다.

그는 젊은 시절 작은 친절로 인해 훗날 노부부의 딸과 결혼했고 최고급 호텔 사장이라는 커다란 행운도 잡을 수가 있었다.

"예약을 했어야죠. 고생을 자처 하셨군요."라고 대답하고 노신사를 그냥 보냈다면 불친절 때문에 미래의 행운을 놓쳤을 것이다.

백화점은 개점할 때마다 점원들이 현관 안쪽에 길게 양 옆으로 도열해 인사할 준비를 한다. 그러면 일제히 손님들이 기다렸다가 물밀듯이 백화점 안으로 들어온다. 그때 도열해 있던 백화점 직원들은 90도로 인사를 하면서 "어서 오십시오." 하고 큰 소리로 친절하게 인사를 한다.

이와 같은 친절을 반복하다보면 인사하는 것이 몸에 배어 나중에는 자연스럽게 마음도 공손하며 친절한 생각으로 바뀌게 된다. 친절이 몸에 배어서 체질화가 된다는 것이다.

내가 전 직장 민원 부에서 근무할 때 민원서류가 폭증하고 민원인이 쉴 새 없이 찾아와서 어느 때는 화장실 갈 시간도 없다는 표현이 맞을 정도였다. 그럴 때는 차분하게 친절에 대하여 생각할 기회가 거의 없다고 해도 과언이 아니었다.

그렇지만 민원 부서의 기본이 친절이었기에 매일 아침 출근하면서 머릿속에 "안녕하십니까. 어서 오십시오. 안녕히 가십시오."라는 구호를 외치며 체질화하기 시작했더니 나중에는 무의식 중에 민원인에게 친절해야 한다는 생각으로 바뀌게 되었다.

유태인의 속담에 '똑똑하기보다는 친절한 편이 낫다'라는 말이 있다. 요즘 사람들은 예절을 별것 아니라고 생각하고 예절을 잘 지키지 않는다. 우리나라가 동방예의지국이라고 했는데 그 단어가 무색할 정도이다. 학교에서 선생님을 만나거나 길에서 웃어른을 만나도 그냥 지나쳐 버리는 경우가 허다하다.

많은 사람들과 같이 살아가는 세상에 상대방을 위한 배려가 없다면 어떻게 될까? 서로가 서로를 무시하고 질서도 없고 자기 자신만 생각한다면 세상이 어떻게 될까?

학교에서나 공공장소에서 줄도 서지 않고 서로 자기가 먼저 가려고 한다면 질서도 무너지고 친구들과 사이도 나빠지고 다치게 될 것이다. 남을 존중하고 친절을 베풀면 남도 나를 존중하고 친절을 베푼다는 것을 항상 기억하여라.

2장

승리하는 삶

위인전을 필수적으로 많이 읽어라
직장생활에서 알아야 할 기본 수칙
생활 속의 매너

님이여

– 유족 일동

지난 2005년 2월 9일 차가운 겨울밤 9시경에
님은 청사에 길이 남을 큰일을 하셨습니다.

님이 앞서 간 사고 차 운전사의 간절한 구조요청 소리를 외면하고 그냥 지나쳤다면
지금 분명코 아무 일 없이 우리와 보통 사람으로 살고 있으련만
님은 그 순간 찰나에 구조하다 죽을 수도 있다는 예감을 했으련만
님은 그것을 감히 두려워하지 않았기에 위험을 마다치 않고 그 위험한 불기둥 속을 뛰어들었습니다.

그리하여 님은 죽을 수밖에 없는 생면부지의 사람을 구하였습니다.
그 큰일을 어떻게 하였습니까?
그러나 그 후 님은 다시는 돌아올 수 없는 먼 길로 부부가 함께 가셨습니다.
님은 언젠가는 어차피 가야 할 길을 의로운 죽음의 길로 택한 것입니다.
마지막 길에 참으로 큰 교훈을 남기셨습니다.

님의 희생정신을 높이 평가한 정부도 대한민국의 의사자로 추서하였습니다.

님의 숭고한 그 큰 교훈은 이제 세상에 널리 알려져 빛을 발하고 있습니다.

장하십니다.

님은 참으로 아름다운 동행을 하셨습니다.

자랑스럽습니다.

그래서 유족은 지금도 슬프지 않습니다.

왜냐하면 님의 죽음이 결코 헛되지 않았기 때문입니다.

또 하나의 희망이 있습니다.

님이 살려두고 간 영환이는 우리의 꿈입니다.

소망입니다.

님이 못다 한 꿈은 영환이가 기필코 이루도록 지도하겠습니다.

님이여!

이제 세상의 고뇌는 훌훌 털어 버리소서.

세상에서 못다 이룬 목멘 사랑일랑 하늘나라에서 영원히 이루소서..

위인전을
필수적으로
많이 읽어라

● 위인전을 많이 읽어야 하는 이유

왜 위인전을 많이 읽어야 할까? 위인이 되기 위해서 위인전을 읽어야 할까?

위인전을 읽다 보면 머릿속에 여러 가지 질문들이 떠오른단다. 이런 질문들을 떠올릴수록 궁금한 것들에 대해서 하나씩 하나씩 스스로 답을 찾아가다 보면 자기도 모르게 생각이 점점 커지기 마련이다. 위인전에 나오는 큰 인물들도 역시 이렇게 생각을 키워나 갔으리라고 생각된다. 우리가 모두 나라를 지키기 위하여 싸운 이 순신 장군이나, 넓고 강한 나라를 만들기 위하여 싸운 광개토대왕 같이, 또는 세상을 밝힌 나이팅게일과 같이 꼭 그렇게 살아야 한다 는 것은 아니다. 사람들이 가진 재주나 꿈은 제각기 다르다. 장차 커서 유명한 축구선수가 되고 싶은데 슈바이처나 간디처럼 살라고 하면 말이 되지 않는 것처럼 말이다.

일단 너의 재능과 꿈을 크게 키워나가는 데 있어 가장 큰 힘을 주는 인물은 누구인가를 생각해 보렴. 어떤 사람은 슈바이처라고 할 수도 있고, 또 어떤 사람은 헬렌 켈러라고 할 수도 있을 것이다. 내 마음속에서 힘을 주는 나만의 스승, 혹은 나만의 영웅을 찾아낼 수만 있다면, 그것으로 일단은 성공한 거야.

세상에 이름을 남긴 큰 인물들에게는 몇 가지 공통점이 있더구나. 그들은 자신이 원하는 것이 무엇인지 분명히 알고 있었다. 또한, 수많은 역경과 어둠 속에서도 자신의 꿈을 끝까지 지켜냈으며, 어려운 현실이 닥치더라도 원망하거나 남의 탓으로 돌리지 않은 심성들이 있더구나.

내가 알고 있는 위인 몇 분을 소개할 테니 참고하고, 그 외에 세상에 알려진 위인전을 읽으며 앞으로 어떤 사람이 될지를 생각해 보기 바란다.

살아 있는 모든 것을 사랑한 아프리카의 성자, 슈바이처 박사 이야기

독일계의 프랑스 사상가, 신학자, 음악가, 의사 등등 다재다능한 슈바이처 박사의 이야기다.

그는 대학에서 신학과 철학을 공부하고 졸업 후에는 목사와 대학 강사로, 그리고 음악가로서 오르간 연주가로 활약하였다. 30세 되던 해에 늦깎이로 봉사활동의 완벽한 실현을 위해 새롭게 의학 공부를 시작하여, 1913년 당시 프랑스령인 적도 아프리카에 가서 자력으로 병원을 개설하였고, 그 후 평생을 아프리카 흑인들을 위한 의료 활동에 헌신하였으며, 1952년에 노벨 평화상을 받자 수상 시상금으로 나환자촌을 설립하였다고 한다.

슈바이처 박사에 대한 삼등칸 열차 안의 유명한 일화가 있다.

노벨상 시상식에 참석하기 위하여 슈바이처 박사가 아프리카를 떠나 프랑스 파리를 경유해 다시 기차를 타고 덴마크로 가는 중이었다. 그런데 그가 파리에 도착했다는 소식을 전해 들은 신문기자들이 취재하려고 그가 탄 기차로 몰려들었단다. 슈바이처 박사는 영국 황실로부터 백작 칭호를 받은 귀족이었다. 그래서 취재 경쟁에 열중한 기자들이 한꺼번에 열차의 특등실로 우르르 몰려들었던 거야.

기자들은 슈바이처 박사를 찾아보았으나, 도저히 찾을 수가 없었다.

"어디야? 도대체 어디에 계신 거야?" 기자들이 열차의 일등칸을 찾아다니며 소리쳤다.

"이보시오, 대체 누굴 찾고 있소?" 승객들이 물었다.

"예, 우린 슈바이처 박사님을 찾고 있습니다. 이번에 그분이 노벨 평화상을 받게 되셨거든요. 정말 훌륭한 분이시랍니다." 기자들이 말했다.

"그래요? 하지만 여기에는 안 계시는 것 같은데요?"

정말 아무리 찾아보아도 일등칸에는 없는 것 같았다.

"이상하다. 분명히 이 열차를 타셨다고 하던데."

또 다른 기자가 말했다.

"이봐, 이등칸에 가볼까?"

"이등칸은 왜? 노벨 평화상을 받으실 분이 설마 거기 계실까 봐?"

상금도 많이 받게 될 것이고, 정식 박사학위만 3개, 명예박사학위는 무려 20여 개나 지닌 알베르트 슈바이처 박사가 특실이나 일등칸이 아닌 다른 곳에 앉아 있을 거라고는 아무도 생각하지 않았다. 하지만 특실과 일등칸에는 없었다. 혹시나 해서 찾아간 이등칸에도 슈바이처 박사의 모습은 보이지 않았다.

"이상하네. 그럼 삼등칸에 계시다는 말인가?"

"설마……. 거긴 가난하고 병든 자들만 타잖아?"

그때였다. "어, 저기 저분이 혹시?" 누군가 삼등칸 한쪽을 가리키며 말했다.

삼등칸에는 지치고 굶주린 사람들이 촘촘히 앉아 있었다. 그런데 그 사람들 사이에 슈바이처 박사가 앉아서 병든 사람들을 진찰하고 있었다.

"아니, 박사님! 왜 여기 계십니까? 한참 찾았잖아요. 왜 이런 삼등칸에서 고생하고 계세요?"

기자들이 소리쳐 묻자 슈바이처 박사가 대답했다.

"글쎄 말일세, 이 열차에는 사등칸이 없다지 뭔가?"

슈바이처에게 노벨 평화상은 그다지 중요하지 않았다. 노벨 평화상을 타러 가는 길이었지만 눈앞에 있는 가난한 환자들을 외면할 수 없었던 것이다. 슈바이처 박사는 기자들 앞에서 또 이렇게 덧붙였다.

"나는 내가 즐길 수 있는 곳이 아니라 나를 필요로 하는 곳에 있는 것이 훨씬 편하다네."

이 말을 들은 기자들은 아무 말도 할 수가 없었다. 정말 존경스럽지 않니?

그가 저 아프리카 오지의 집무실에 걸어 놓고 늘 즐겨 읽던 친필 명구가 있단다.

"인내가 필요한 때는 조용히 야곱의 인내를 상기하라. 기도가 부족하다고 여겨질 때면 엘리야를 보아라. 마음에 찬양이 없으면 다윗의 시에 귀를 기울여라. 믿음이 적다고 생각되면 바울의 서신을 읽어라. 자신이 나태해진다고 여겨지면 야고보서를 묵상하라."

아주 어린 시절 슈바이처 박사는 식탁 앞에서 어머니의 저녁기도를 듣다가 이렇게 물었단다.

"엄마, 엄마는 왜 인간만을 위해서 기도하세요?"

어머니의 기도에는 밭에서 힘들게 일하는 소와 날아다니는 나

비, 벌, 숲 속의 새들이 모두 빠져 있었던 것이야. 어린 슈바이처는 밤늦게 혼자서 자기만의 기도를 했단다.

"살아 있는 모든 것들을 사랑하게 하소서!"라고 말이다. 살아 있는 모든 것들을 사랑하는 마음을 간직한 채 슈바이처는 하루도 시간을 헛되이 보내지 않고 열심히 살았다.

학문과 예술을 사랑했던 슈바이처는 서른 살이 채 되기도 전에 신학자가 되었고, 철학이나 음악에도 탁월한 능력을 보였단다. 1899년에 철학박사 학위를, 그리고 이듬해에는 신학박사 학위를 받은 슈바이처는 곧 세계적인 인물로 인정받기 시작했다. 게다가 1893년 오르간 연주자로 활동하기 시작해 실력 있는 음악가가 되었고, 바흐의 인생과 예술에 관한 연구 논문까지 쓰기도 했다.

그야말로 슈바이처의 인생은 탄탄대로처럼 쭉 펼쳐져 있는 것 같았다. 그러던 29살 되던 해에 슈바이처에게 지금까지와는 전혀 다른 새로운 기회가 찾아왔다. 학교 기숙사 책상 위에 놓인 잡지를 무심코 넘기다가 아프리카에 관한 기사를 접한 것이야. 기사내용은 아프리카 사람들이 얼마나 끔찍한 삶을 살고 있는지, 그리고 아무도 그들에게 관심을 기울이지 않는다는 내용이었다.

기사 끝에 "여기에는 의사도 없고, 약도 없습니다. 이들은 속수무책으로 죽어가고 있습니다. 뜻이 있는 의사분들이라면 이들을 외면하지 말아 주십시오."라고 씌어 있었다.

슈바이처는 잡지를 내려놓고 벌떡 일어섰다.

'내가 여기서 대체 뭘 하고 있지? 여긴 내가 있을 곳이 아니야. 난 아프리카로 가야 해!'

슈바이처는 아프리카 사람들을 위해 평생을 바치는 것이야말로 가장 가치 있는 인생이라고 생각했다. 그리고 자기 생각을 행동으로 옮겼다.

"아버지, 어머니! 저 아프리카로 떠나겠습니다."

갑작스러운 슈바이처의 말에 부모님은 깜짝 놀랐다.

"아프리카라니 너 지금 제정신이냐? 거기가 어떤 곳인지 알고 하는 얘기냐?"

가족뿐만 아니라 주위 사람들 모두가 슈바이처를 말렸다.

"그곳은 사람이 살기 어려운 곳이야. 자네는 견디지 못할 걸세."

하지만 어느 누구도 슈바이처의 굳은 의지를 꺾을 수는 없었다.

"아무도 그곳에 가지 않으니 제가 가서 그들에게 위생법, 소독법, 전염병 등에 대해 알려주고 병든 사람들을 도와줄 것입니다."

슈바이처의 눈이 빛났다. 하지만 슈바이처는 의학을 전공하지 않았기 때문에 의술에 대해서는 지식이 없었던 터였다. 아프리카를 가려면 먼저 의사가 되어야 했다. 슈바이처는 자신이 강사로 있는 대학교의 의학부 강의실에 들어섰다. 학생들이며 교수까지 모두 깜짝 놀랐다.

"아니 교수님! 왜 제자들 틈에 끼어 공부하려고 하십니까?"

이미 박사 학위를 두 개나 가지고 있는 그가 다시 의학공부를 하겠다고 말하니 모두 놀랄 수밖에.

"오해하지 마십시오. 저는 돈이나 명예 때문에 의사가 되려는 게 아닙니다."

하지만 30살이 넘어 시작한 의학공부는 쉽지 않았다. 게다가 아프리카 환자들을 혼자 돌보려면 내과, 외과, 피부과, 소아과 등 거의 모든 의학과목을 익혀야 했다. 또 의학공부를 하면서 신학 강의도 했기 때문에 정말 초인적인 의지가 필요했다. 그러나 슈바이처는 열심히 공부하여 37살이 되던 해에 드디어 의학박사가 되었다.

그 뒤 파리에서 1년을 더 공부한 다음 아프리카로 가기 위한 모든 준비를 마쳤다.

'자, 이제 내 뜻을 펼칠 때가 왔다.'

슈바이처는 우선 아프리카 가봉 지역에 병원을 짓기로 했다. 그러나 병원을 짓기 위해서는 막대한 자금이 필요했다. 슈바이처는 오르간 연주회를 열어 그 돈을 모았다. 1912년 38살 때 슈바이처는 헬레네라는 여인과 결혼하여 이듬해 함께 아프리카로 향했다.

그곳에 도착한 슈바이처 부부는 생각보다 훨씬 비참한 아프리카 사람들의 모습을 보고 깜짝 놀랐다. 원주민들은 거의 뼈만 앙상했고, 다친 상처는 곪아 터져 있었다. 그리고 누워 있는 사람들 위로 파리가 우글댔다.

'망설일 틈이 없군. 바로 일을 시작하자.'

슈바이처는 가방을 팽개치고 팔을 걷어붙였다. 우선 닭장을 뜯

어고쳐 진료실을 만들고 급한 환자부터 치료했다.

슈바이처의 아프리카 생활은 이렇게 시작되었다. 슈바이처는 환자들을 치료하면서 부인과 함께 틈틈이 전도활동도 했다. 슈바이처는 제1차 세계대전이 일어났을 때 포로가 되기도 했지만 풀려난 뒤에 또다시 강연이나 오르간 연주로 병원 운영자금을 모았다.

1924년 다시 아프리카로 돌아간 슈바이처는 물려받은 유산과 자신의 전 재산을 모두 털어 큰 병원을 짓고 평생 아프리카 원주민을 위해 헌신했다. 그리고 그 공로를 인정받아 1952년 노벨 평화상을 받았다.

슈바이처는 남을 위해 헌신하는 삶이야말로 가장 많은 것을 얻을 수 있는 값진 삶이라고 늘 말하곤 했다.

'인간을 위해 봉사한다는 것은 결과적으로 인간을 사랑하는 것이며, 그것은 무엇과도 비교할 수 없는 숭고한 일이다. 나는 살아 있는 모든 것들을 사랑함으로써 내가 꿈꾸는 나만의 이상을 실현해 보고 싶다.'

그의 인생관이 슈바이처 박사의 훌륭한 삶을 말해 주는 것이란다.

● 신체장애를 극복한 사회사업가이자 작가, 헬렌 켈러 이야기

태어난 지 얼마 되지 않아 열병으로 시각, 청각, 언어 장애를 얻었지만, 장애와 당당히 맞서 이기고 남을 돕기까지 한 헬렌 켈러의 이야기다.

　1980년 미국에서 태어난 헬렌 켈러는 생후 얼마 되지 않아 뇌막염을 앓아 눈이 보이지 않고, 귀도 들리지 않고, 말도 하지 못하는 3중의 고통을 지게 되었다. 여러 가지 장애로 힘들게 생활하다가 7세 때 가정교사 '앤 설리번'을 만나 교육을 받기 시작했단다.

　설리번 선생님은 먼저 헬렌의 손바닥에 글자를 써서 글을 가르쳤다. 헬렌의 손에 인형을 쥐어 주고 그녀의 손바닥에 인형이라는 글자를 쓰면 헬렌도 설리번 선생님의 손바닥에 인형이라고 따라 쓰는 식으로 낱말을 배워 나갔다.

　설리번에게 교육을 받은 지 3년 만에 헬렌 켈러는 점자(시각장애인들을 위한 글자)를 읽고 쓸 수 있게 되었다. 그리고 열 살이 되어서는 해머슨 농아 학교에 들어가 발성법도 배우게 되었다. 헬렌은 어느 날 설리번 선생에게 더듬더듬 말했다.

　"선생님, 꼭 대학에 들어가 열심히 공부해서 세계의 모든 장애인을 위해 일하고 싶어요."

　그 소리를 듣고 설리번 선생님은 크게 감격해서 헬렌을 꼭 껴안아 주었지. 헬렌은 목표를 갖고 끈기있게 노력하여 말하는 능력을 회복하게 되었고, 열심히 공부한 덕분에 1900년 하버드 대학교에 입학할 수 있었다.

헬렌 켈러가 대학에서 공부하는 동안 설리번은 그녀 곁에서 강의와 토론 내용을 전달해 주었다. 그녀는 설리번 선생님의 도움으로 1904년 우등생으로 대학을 졸업했고, 두 개의 박사 학위를 취득했단다. 헬렌은 세계 최초로 대학 교육을 받은 장애인이 되었다.

대학 졸업 후 헬렌 켈러는 자신과 같은 처지의 장애인에게 관심을 두고 돕기 시작했다. 1906년 매사추세츠 주 맹인구제과 위원에 뽑혔으며, 1924년에는 미국맹인협회 일도 보면서 폭넓은 활동을 했단다. 그녀는 미국뿐만 아니라 외국에 있는 시각 장애인 재단의 위원으로도 활동하며 장애인 복지 사업에 큰 공헌을 남겼다. 그리고 전 생애를 맹·농아를 위해서 헌신하여 희망과 복음을 전해 주었다.

장애를 극복한 그녀를 사람들은 '기적'이라고 부른단다. 그러나 설리번 선생님이 아니었다면 그 '기적'은 일어나지 않았을 것이다. 앤 설리번 선생님의 사랑을 '20세기 최대의 기적'이라고 한다. 설리번 선생님 또한 불행한 과거를 지니고 있는 여성이었단다.

10살 때 남동생과 함께 고아원에 보내어져 그곳에서 학대받으며 하루하루 고통의 나날을 견뎌왔다. 결국, 불결하고 빈약한 환경에 견디지 못한 어린 남동생은 죽어 갔다. 그녀도 눈병에 걸려 실명 직전까지 처하게 되었다. 이러한 환경을 버티며 성장한 설리번은 파킨스 맹학교에서 교사를 하고 있던 무렵에 헬렌 켈러의 가정 교사가 된 것이다.

갓 20세가 된 설리번은 인내심이 강하고 애정이 깊고 무엇보다 신앙심이 있는 사람이었다. 그녀가 처음으로 본 헬렌 켈러는 7세가 되었는데도 아무런 교육이 되어 있지 않은 상태였다. 손으로 음식을 먹고 마음에 들지 않으면 닥치는 대로 주위의 물건을 집어 던지는 등 야수 그 자체지.

그날부터 설리번과 헬렌의 싸움이 시작되었다. 얼굴을 씻는 것도 머리카락을 빗는 것도, 나이프와 포크로 식사하는 것도 헬렌과 격투를 하면서 가르치지 않으면 안 되었던 것이다. 단지 울어대는 것과 소리를 지르는 것으로 의사를 표현해왔던 헬렌은 설리번의 엄격한 교육에 전신으로 반항했다. 그럼에도 설리번은 신중하고 끈기 있게 헬렌의 마음을 두드렸다. 손에 인형을 쥐어 주고 손바닥에 글자를 써주는 지화법에 헬렌의 마음이 조금씩 열리기 시작했다. 아는 기쁨, 그것이 암흑의 세계로부터 세상 속으로 끌어내었던 것이다. 헬렌의 기억력과 상상력은 무척 강했단다. 잠자고 있던 마음은 눈뜨기 시작하고 폭발적인 격렬함으로 언어를 흡수했던 것이다.

1900년 20세가 된 헬렌은 하버드대학에 입학했다. 입학식에서 그녀가 한 첫마디는 "나는 이제 농아가 아닙니다."였다. 지화법과 점자, 발성을 배워 정상인 이상의 지식을 얻어서 대학에 입학한 그녀는 4년 후 세계 최초의 대학교육을 받은 맹·농아로서 우수한 성적으로 대학을 졸업했단다. 이 기적은 많은 사람으로부터 경탄과 찬사를 받았다.

그해 센트 힐 박람회에서 〈헬렌 켈러의 날〉이 제정되었고, 헬렌은 처음으로 강연하게 되었다. 이를 계기로 그녀는 미국은 물론 외국에서도 강연을 펼쳤단다. 그렇게 강연을 통해 맹인 및 신체장애인에 대한 세상의 이해와 협력을 구하고 사람들에게 커다란 희망과 복음을 심어 주었다.

헬렌은 어렸을 때부터 어려운 사람을 돕고자 하는 마음이 컸다는 것을 알 수 있는 한 일화가 있단다. 그녀가 10살 때쯤이었다. 포기하지 않고 열심히 배우며 희망 가득한 삶을 살아가고 있던 그녀는 당시 자신과 처지가 비슷한 토미라는 소년의 이야기를 듣게 되었다.

토미는 어머니가 돌아가시고 아버지는 직장을 잃어 더 이상의 보살핌을 받기 어려워진 4살 소년이었다. 더구나 그녀처럼 듣지도 말할 수도 없는 아이였다. 토미의 이야기를 들은 헬렌 켈러는 설리번 선생님에게 말했다.

"설리번 선생님 토미가 너무 가여워요. 저처럼 책을 읽고 말할 수 있게 교육을 해주세요."

"너의 마음은 이해하지만 어려울 것 같구나. 토미와 같은 아이를 가르치는 데에는 많은 돈이 든단다."

헬렌은 포기하지 않았다. 그날로 토미가 공부할 수 있게 해달라는 편지를 써서 많은 사람에게 보냈다. 그녀의 편지를 받은 사람들과 소문을 들은 사람들이 성금을 보내오기 시작했고, 1,600달러라는 돈이 모이 모였다. 그렇게 토미는 보스턴 퍼키슨 농아학교 유치원에 입학할 수 있었다.

일생을 농아와 맹인을 돕는데 바쳤던 '빛의 천사' 헬렌 켈러가 겨우 10살 때 보여준 사랑의 모습이다. 우리가 할 수 있는 최선을 다할 때 우리의 삶과 타인의 삶에 어떤 기적이 일어나는지 아무도 모르는 것이란다. 이 세상을 더 좋은 곳으로 만들기 위해 자신이 할 수 있는 것을 찾고 실천하고자 노력한다면 분명 좋은 결실을 보리라 생각한다.

🟢 우리나라 위인 이야기

최근 우리나라에도 '사랑'과 '감사'의 가치를 일깨우고 우리 곁을 떠나신 김수환 추기경 같은 분과 아프리카 오지 수단이라는 나라에 가서 자신의 모든 것을 헌신하고 한국의 슈바이처라고 불리는 이태석 신부님 같은 훌륭한 분이 있다는 것을 기억하여라.

그분들은 누가 시키지도 않았는데 사랑을 몸소 실천하신 이 시대의 성인이라고 할 수 있다. 그들의 선종 이후에도 끊임없이 그리워하고 존경하게 된 이유는 아마도 욕심 없는 사랑의 나눔과 겸손으로 일관된 삶이 남긴 감동과 향기의 여운 때문이 아닐까 생각한다.

故 김수환 추기경은 자기 자신을 열심히 갈고 닦아 다른 사람을 편안하게 하는 수기안인修己安人의 덕목을 누구보다도 잘 보여준 분이라는 생각이 든다. 스스로 사랑의 바보가 되기를 원하고 실천했던 그분처럼 우리에게도 사랑의 바보가 되는 그런 겸손한 자세가 필요할 것 같구나.

그렇다면 사랑의 바보가 기본적으로 지녀야 할 덕목은 무엇일까? 그 누구도 내치거나 차별하지 않고 골고루 배려하고 마음 써주는 보편적인 사랑, 손해 볼 준비까지 되어 있는 너그러움일 것이다.

누가 너를 강도 높게 비난하는 목소리를 내도 날카롭게 대응하기보다는, 오히려 '내게 필요하고 고마운 일'이라고 고백했던 김 추기경 같은 덕목의 마음을 가지려고 노력하여라. 내일을 바라보는 것만이 희망이 아니라, 내일을 위해서 오늘 씨앗을 뿌리는 것이야말로 진정한 의미의 희망이 아닐까 생각한다.

김 추기경은 마지막 가는 길에도 큰일을 하셨다. 마지막 가시기 전까지 각막을 기증해서 한 생명이 밝은 세상을 볼 수 있게 하였단다. 그분이 선종한 후 장기 기증자가 급증하여 2009년 한 해에만 3만 4천여 명이 신청하였고 2010년에는 무려 3만 7천여 명이 기증 의사를 밝혔으며, 그 후에도 장기기증 신청자가 꾸준히 증가하고 있다는 아름다운 소식도 들리는구나.

의사로서의 평탄한 삶을 포기하고 사제의 길을 택하여 아프리카의 가장 척박한 땅 수단의 '톤즈'라는 마을로 향한 故 이태석 신부의 이야기도 들려주고 싶구나.

그가 아프리카 수단의 톤즈 마을에서 일궈낸 성과는 실로 대단했다. 그는 누구도 가고 싶어 하지 않는 아프리카의 가장 가난한 땅 남수단의 톤즈라는 곳에 가게 된 것을 하나님의 뜻이라고 생각했다. 그는 자신의 삶이 독립된 혼자만의 삶이 아닌 톤즈 사람들의 삶이기도 하다는 것을 믿음과 사랑으로 실천하며, 20년이 넘게 이어져 온 내전과 전염병으로 병든 불모지인 톤즈에 병원과 학교를 짓기 시작했다.

병원이 생겼다는 소문을 들은 톤즈 사람들은 며칠 밤을 새우며 걸어와 치료를 받았고, 그런 환자들을 돌려보낼 수 없었던 이태석 신부님은 잠을 줄여 가면서 환자를 치료하였다. 하루 종일 쉬지도 않고 치료를 하는 신부님의 투혼으로 많은 사람이 목숨을 건질 수 있었고, 병원은 나날이 많은 환자로 가득 차기 시작했다.

이태석 신부는 병원까지 오지 못하는 환자들을 치료하기 위해 높은 온도에 약한 백신을 아이스박스에 넣어가 직접 환자를 치료해 주는 투혼을 발휘하기도 했다. 또한, 전기가 없는 곳이라 백신을 보존하기 위해서 지붕에 태양열을 설치하여 냉동시키는 아이디어도 찾아냈다. 이와 더불어 그 누구도 쳐다보지 않는 한센인의 아픔을 함께하고 치료해 주어, 사랑 그 자체를 보여주기도 했다. 그러던 중 그는 48세의 젊은 나이에 대장암 판정을 받고 2010년 1월 14일에 선종했다고 한다.

마지막 숨을 거두기 직전에 그는 병간호하는 누나와 동료 신부

에게 안심하라는 손짓을 하면서 "Everything is good(모두가 좋다)."라
는 마지막 말을 남겨 그곳이 눈물바다를 이루었다고 하는구나.

그가 죽자 많은 사람이 아프리카 수단의 슈바이처가 사라져 버렸
다며 슬픔과 아쉬움에 눈물을 흘렸다고 한다. 그 후 그를 후원하던
인터넷 카페의 '수단어린이 장학회' 회원 수는 3천 명에서 1만 5천
여 명으로 늘었고, 후원자도 800여 명에서 5천여 명으로 증가했다
고 한다. 그래서 그를 이을 의료진도 수단에 파견된다고 하더구나.

그가 주장한 것 중에서 이런 말이 있다. "가진 것 하나를 열로 나
누면 우리가 가진 것이 십 분의 일로 줄어드는 속세의 수학과는
달리, 가진 것 하나를 열로 나누었기에 그것이 천 배 만 배로 부푼
다." 즉, 나누면 커진다는 하나님 말씀의 참된 의미로서 나눔만이
행복의 원천이 된다는 진리를 터득하게 되는구나.

이태석 신부의 일기장에서 다음과 같은 내용이 있었다고 한다.

- 많은 사람이 서로 마음의 상처를 주고받는다.

이 모든 상처는 우리가 감사하는 마음의 평화에 큰 장애물이
라고 우리는 생각한다. 하지만 따지고 보면 진정한 장애물은 우
리 자신이 아닌가 생각한다.

- 우리의 삶도 하나의 여행이 아닌가 생각된다.

아스팔트와 같은 평탄한 길도 있지만 때로는 요철이 많은 가시밭길도 있다. 하지만 혼자만의 여행이 아니기에 어려울 때 서로 의지하고 넘어질 때 서로 일으켜 줄 수 있는 누군가와 함께하는 여행이기에, 즐거운 여행이 될 수 있지 않을까 하는 생각이 든다.

- 정신적으로 심리적으로 마음 아파하는 청소년들이 우리 주위에는 참 많다.

그들에게 아무 대꾸 없이 받아줄 수 있는 낙서장 같은 어른도 꼭 필요하지 않나 생각한다. 그냥 생각하는 대로 화가 나는 대로 부담 없이 긁적이기도 하고 찢기도 할 수 있는 그런 낙서장 말이다.

- 인간 생명의 고귀함을 모르는 '무식이'는 분명히 유죄다.

무식이 자신은 유죄지만 무식이를 가르치지 않는 그리고 무식이가 배울 수 있도록 여건을 허락하지 않은 우리 '유식이'도 무죄라고 발뺌할 수는 없다. 그래서 나는 이 한 몸 바쳐서 아프리카 오지의 무식이를 배우고 가르칠 수 있도록 결심한다.

이 두 분 외에도 고구려의 영토 확장을 위하여 북으로 북으로 뻗어 나간 민족의 기상인 '광개토대왕' 이야기라든가, 조선 선조 때 임진왜란이 일어나자 한산도에서 적군을 무찌르다가 적의 유탄에 맞아 전사한 수군통제사 '이순신 장군', 일제 강점기 시대에 아동문학가로서 아동문화 단체를 조직하여 어린이날을 제정한 소파 방정환 선생, 일본의 무력에 항거한 독립운동가인 백범 김구 선생 등 많은 인물의 전기를 읽으며 너는 과연 어떤 사람이 되어야 할지에 대하여 생각해 볼 기회를 가져 보기 바란다.

🟢 항상 사랑하는 마음과 감사하는 마음을 가져라

얼마 전에 책 한 권을 읽고 감동한 적이 있어서 소개한다. 프랑스의 '아베 피에르' 신부가 쓴 책인데 『이웃의 가난은 나의 수치입니다』라는 자서전이다.

피에르 신부는 금세기 최고 휴머니스트이자 빈민의 아버지로서 프랑스에서 가장 존경받는 인물이기도 하다. 프랑스에서는 매년 좋아하는 인물을 선정하는 데 무려 8년 동안 일곱 차례에 걸쳐 1위에 올랐다고 한다. 당시 시라크 대통령이 "아베 피에르가 없는 프랑스는 이전의 프랑스와 같을 수 없다."고 추앙하던 분이란다.

그는 프랑스의 상류층 가정에서 태어나 상속받은 유산만으로도 부족함이 없이 살 수 있었음에도 평생 집 없는 가난한 사람들, 소외된 사람들과 공동생활을 함으로써 '살아있는 성자'라고 불렸단다. 또한 평생을 더불어 사는 기쁨, 나눔의 철학, 실천하는 사랑의 메시지를 전하며 살았다고 한다. 피에르 신부가 말한 것 중 항상 강조한 부분이 있단다. "세상에는 두 갈래 길이 있다. 하나는 강한 자들로 향한 길이며 그건 욕망이고 전쟁이다. 다른 하나는 약한 자들로 향하는 길이며 그건 평화다."

이렇게 그는 언제나 약한 자들을 우선시하였단다. 지금 이 사회를 이끌고 있다고 생각하는 사람들은 이런 말에 귀 기울여야 할 것이다. 더 강해지기 위해 나간다면 욕망과 전쟁에서 벗어나지 못할 것이고, 내 뒤에 서 있는 사람들을 생각하고 그 길로 나간다면 평화를 얻을 수 있다는 사실을 명심해야 한다.

피에르는 남을 돕는 사람이라기보다는, 살아야 할 이유와 방법을 찾아주는 사람이라고 할 수 있다. 그는 빈민구호 공동체인 '엠마우스Emmaus'라는 공동체를 설립하여, 누울 곳 하나 없는 빈민들을 위해 살 곳을 마련해 주고 그들이 다시 일해서 다른 사람들을 돕게 하였단다. 이로써 살아야 할 이유를 찾아주는 아주 중요한 역할을 하는 분이었지.

그는 평생 불우이웃을 사랑으로 돕는 선행을 실천하는 삶을 살다가 2007년도에 돌아가셨단다. 그가 살아 있는 동안 프랑스에서 존경받는 인물로 수차례에 걸쳐 선정되자 후보에서 제외해 줄 것을 간곡히 요청하기도 하였단다. 이유인즉 그는 평소에 '위인은 없다'고 주장해 왔으며, 더욱이 자신은 그저 마땅히 할 일을 했을 뿐인데 위인이라고 호칭하면 부끄러울 뿐이라고 겸손한 태도를 보였다고 한다.

그는 어떤 정신을 가진 사람이었을까? 그의 어떤 정신이 ·그로 하여금 그처럼 뜨거운 인간애를 발휘하며 평생을 보내게 한 것일까? 너도 곰곰이 생각해 보기 바란다.

직장 생활에서 알아야 할 기본 수칙

● **좋은 인상 심어 주기**

너도 이제 성장하여 학업을 마치게 되면 직장이라는 거대한 생활 터전으로 가게 될 것이다. 영환이는 의사자의 자녀로서 정부에서 정한 '의사자 자녀의 예우에 관한 지침'에 따라 기업에서는 우선 채용하게 되어 있어서, 취업하는 데 큰 도움이 되리라고 생각한다.

직장생활이나 사회생활을 하다 보면, 만날수록 좋아지는 사람이 있는가 하면 그 반대의 경우도 있다. 그만큼 직장에서의 첫인상이 중요한 거야. '첫인상이 무슨 상관이야? 일만 잘하면 되지!'라는 생각을 하게 되면 첫인상이 가져다주는 엄청난 효과를 알지 못할 것이다. 보통 처음에 자신을 소개할 때 상대방은 최고의 관심을 두고 지켜보게 되는 거란다.

첫 만남에는 항상 상대방이 너에게 무엇을 바라고 있는가를 생각해야 한다. 인사를 하고 나서 자신의 이름이나 자신을 더 잘 알 수 있게 설명하는 것이 좋다.

그냥 "안녕하세요, ㅇㅇㅇ입니다."라고 말하는 것보다는 "저는 ㅇㅇㅇ입니다. 최선을 다해 열심히 하겠습니다." "저는 스포츠를 좋아하고 특히 테니스를 좋아합니다. 혹시 시간이 되실 때 코트에 같이 나갈 수 있으면 좋겠습니다."라고 하는 것이 더 큰 호감을 느끼게 할 수 있단다.

회사 내에서 가볍게 스치는 인사라도 나눈 사람이면 반드시 그 사람에 대해 관심을 두는 습관을 갖도록 해라. 어떤 상황에서 어떻게 만난 사람이며, 자신이 느낀 그 사람의 특성은 무엇인지 나름대로 정리해 놓는다면 훗날 뜻밖에 큰 소득을 올릴 수 있을 것이다.

예를 들어 사내 커피 자판기에서 커피를 뽑아주다가 만난 사람의 커피 취향을 기록해 두었다가, 며칠 후 우연히 만났을 때 그 사람의 취향을 기억해 준다면, 분명히 상대방은 너를 새롭게 볼 것이다. 또한, 저녁에 잠들기 전에 오늘 만난 사람들을 기억해 보고 그 당시의 상황을 재현해 보면, 그때는 몰랐던 또 다른 그 사람의 일면이 생각날 수도 있을 거란다.

좋은 인상을 심어주는 첫 번째 비결은 먼저 인사하는 것이다.

사람들은 흔히 '저 사람이 인사를 하면 나도 하지.'라고 생각하기 쉽다. 좋은 인간관계는 자기가 적극적으로 만들어 가는 것이란다. 그러므로 남들이 먼저 인사할 것을 기다릴 것이 아니라 내가 먼저 인사해야 한다. 더구나 젊은 사람일 경우는 자기가 먼저 인사를 해야 한다. 왜냐하면, 남이 먼저 인사해 오기를 기다린다면 잘난 체하는 사람이라는 좋지 못한 인상을 주고, 한번 그런 인상을 주게 되면 그 인상을 제거하기 위해 나중에는 더 많은 노력을 기울여야 하기 때문이란다. 그러나 먼저 고개를 숙여 인사를 하게 되면 좋은 인상을 주게 되어 앞으로의 생활을 보다 윤택하게 이끌어 나갈 수가 있지. 이것은 나이 많은 사람에게도 마찬가지다. 상대보다 계급이 높고 나이가 많다고 해서 거만하게 기다리고 있다가는 접근할 수 없는 사람이라는 인상을 주게 된다. 이렇게 되면 소외당할 것은 불 보듯 뻔한 일일 것이다. 그러므로 나이가 많고 적음을 떠나서 먼저 인사하는 습관을 길러야 한다.

실제로 어느 회사에서 있었던 일인데 신입사원 H씨는 입사한 뒤 얼마 되지 않아 제법 연세가 있어 보이는 노인에게 "안녕!"이라는 인사를 받고 어리둥절했다고 한다.

그 당시 H씨 생각으로는 그 회사 수위쯤 되는 줄 알았는데 알고 보니 그분이 이 회사의 사장님이란 걸 알았다. 크게 감동한 H씨는 그 후 더욱 열심히 일했다고 한다. 사장님의 따뜻한 인사가 신입사원으로 하여금 강한 애사심을 불러일으킨 것이다.

이처럼 먼저 인사를 한다는 것은 상대방에게 호의를 갖고 있다는 것을 나타내 주는 역할을 담당한다. 그럼에도 사람들은 먼저 인사하기를 꺼리는 경향이 있다. 이유인즉 인사를 먼저 했는데, 상대방이 받아주지 않으면 어떻게 하느냐는 것이다. 그러나 인사는 상대가 받아주느냐 받아주지 않느냐에 달린 것이 아니라, 얼마나 성의 있게 노력했느냐 하는 것에 달린 것이다. 그러므로 상대방이 받아주지 않는다고 포기할 것이 아니라 끈기를 가지고 적극적으로 인사를 하여라.

결국에는 상대방도 인사를 받아주게 될 것이다. 그렇게 되면 좋은 인간관계를 맺을 수 있게 된단다. 그러니 늘 적극적인 태도로 인사하도록 노력하여라.

● 메모하는 습관 갖기

일을 하다 보면 계획을 세운 대로 되지 않을 때가 많다. 상사가 새로운 일을 부탁하거나, 고객으로부터 새로운 물품에 대하여 상담을 요청받거나, 뜻하지 않은 방문객을 맞이하다 보면 생각보다 시간이 오래 걸리는 경우가 허다하다. 그러므로 오늘 할 일은 항상 오늘 해야 한다는 생각으로 일해야 한다. 만일 오늘 할 일을 다 끝내지 못했다면 반드시 메모해 두었다가 다음날 잊지 않고 메모장을 확인해서 가장 먼저 그 일부터 처리하는 습관을 지녀야 한다.

아침에 출근하여 어제 아직 처리하지 못한 일과 오늘 처리해야 할 일을 메모하여, 일의 경중을 파악한 후 차례대로 하나씩 처리해 나간다면 일이 순조롭게 진행될 것이다. 업무를 하다 보면 같은 일이 반복되는 것을 알 수 있다. 하루 업무 중 몇 시에 무슨 일을 꼭 해야 하고, 주중에 할 일, 교육받는 날, 거래처 방문하는 날 등등, 이 모든 것을 메모하는 습관을 갖지 않으면 기억력의 한계 때문에 자주 잊어버리게 될 것이다.

사람은 누구나 하루에 몇 가지 이상의 좋은 영감이 떠오를 때가 있단다. 아침 출근 시간부터 저녁 잠들기 전까지 뜻하지 않았던 좋은 생각들이 떠오를 때가 있는데, 그때마다 떠오르는 영감을 지나치지 말고 메모해 두었다가 수시로 확인하는 습관을 지녀라. 후일에 크게 도움이 될 것이다.

메모를 많이 하다 보면 스스로 정리하는 습관이 들고 요점을 파악하는 능력이 향상된단다. 그런 습성이 몸에 배면 나중엔 메모해야 할 것과 머릿속으로 기억할 수 있는 것에 대한 판단도 할 수 있게 되지. 일과가 끝나면 그날 메모해 둔 것을 날짜별로 정리하여 자신만의 파일을 만들거나 노트를 만들어, 나름대로 업무일지를 쓰는 습관을 지니면 더욱 좋을 것이다.

메모의 Key Point

- 오늘 할 일의 순서를 정해 메모한다.

- 어떤 일을 하더라도 계획을 세워 놓고 시작한다.

- 계획을 세울 때에는 충분한 시간적 여유를 두어야 한다.

- 계획에 차질이 생겨 늦어지더라도 그날 해야 할 일은 그날 끝마치고 퇴근하는 습관을 기른다.

- 오늘 하지 못한 일은 꼭 메모해 두었다가 내일 잊지 않고 처리한다.

- 아침에 출근하여 어제 못한 일과 오늘 처리할 일을 적어보고 계획을 세워 일한다.

🟢 상사와의 관계

직장생활에서는 상사와의 관계가 매우 중요하다. 직장인들이 가장 많이 하는 이야기가 상사에 대한 불평, 불만 내지는 험담들이다. 그러나 절대로 상사의 능력을 비웃거나 무시해서는 안 된단다. 상사가 부족한 점이 있거나 마음에 들지 않는다 해도 상사인 것은 분명한 사실이기 때문이다.

옛말에 군신유의君臣有義라는 말이 있다. 윗사람과 아랫사람은 천지처럼 다르다는 말이다. 임금은 높고 귀하며 신하는 낮고 천하니, 임금이 신하를 부리는 것과 신하가 임금을 섬기는 것은 천지의 법칙이라는 뜻이다.

직장에서의 상사는 한 단계 위에서 아랫사람을 내려다보고 있을 뿐만 아니라, 아랫사람의 능력을 저울질하는 경영자의 입장이라는 것을 항상 명심해야 한다. 화가 잔뜩 난 상사는 언제 어디서 터질지 모르는 시한폭탄이다. 이미 상대방이 감정적으로 격화된 상태이기 때문에 일단 수그리고 들어가는 것이 좋다. 그러고 나서 화가 난 이유를 구체적으로 파악하고 대응책을 찾는 것이다.

언제나 상사의 지시가 옳은 것만은 아니다. 하지만 잘못되었다고 해서 그 자리에서 난색을 하며 거절한다면 상사와의 관계가 원만하지 못하게 되어버린단다. 위기의 시간이 지난 후에 자신의 견해를 정리하여 정중하고 논리적으로 말한 후, 상사와 토론하는 방식으로 대화를 이끌며 새로운 대안을 모색해라. 이때 상사의 입장을 충분히 존중한다는 말도 잊어서는 안 된다.

상사로부터 야단을 맞았을 때는 아무리 억울한 상황이라도 일단은 자신의 탓으로 원인을 돌린다. 항변하면 핑계로 들릴 수 있으므로 되도록 말은 많이 하지 않고 듣는 것이 좋다. 상사가 하는 말을 먼저 잘 듣고 나서 자신의 실수를 솔직히 인정하고, 다음부터는 같은 실수를 하지 않겠다는 말을 하는 것이 좋다.

상사도 사람이기 때문에 더러는 실수할 수가 있단다. 하지만 상사는 상사로서의 권위가 있기 때문에 상사의 권위를 무시하면 오히려 미워하게 될지도 모른다. 비록 상사에게 잘못이 있다 해도 그의 권위를 무시하지 않는 범위 내에서 될 수 있으면 비위를 건드리지 않는 것이 좋다. 이때 여러 사람 앞에서 상사의 잘못을 들춰내는 것은 절대로 하지 말아야 한다. 선배나 상사뿐만 아니라 회사 내에서는 절대로 적을 만들지 않는 것이 중요하다. 같은 부서에서는 물론이고 업무적으로 전혀 관련이 없는 부서라고 하더라도 때로는 업무 협조가 필요하게 될 일이 생기기 때문이다.

회사생활을 하다 보면 정말 존경스러운 선배를 만나게 될 때도 있고, 반면 배울 점이 없어 보이는 선배도 만나게 될 것이다. 그러나 그것은 개인의 주관적인 판단이다. 아무리 능력이 없어 보이는 선배에게도 배울 점이 분명히 있기 마련이니 너보다 연장자인 사람에게는 무조건 공손하게 대하여라. 그러면 그 선배는 네가 위급한 상황에 처해 있을 때 도움을 주려고 최소한의 노력은 할 것이다.

능력이 있다고 판단되는 선배에게는 자주 찾아가서 일에 대한 선배의 의견을 듣는 것이 좋다. 그러면 그 선배에게 성실한 후배로 인식될 것이다. 업무적인 능력보다 인간적인 매력을 풍기는 선배에게는, 사적인 고민이 있을 때 솔직히 털어놓는 것도 좋다. 그러면 다정다감한 후배로 평가될 것이다.

무엇보다 회사에서 동료와 원만한 관계를 만들어 놓으면 회사생활이 즐거워진단다. 업무적으로 힘이 들고 부당한 대우를 받았을 때에 동료의 따뜻한 한마디가 큰 위안이 되기 때문이다. 인간관계에 대한 불신은 쉽게 해결되지 않을 뿐만 아니라 후유증도 지속되므로 항상 신중을 기하는 것이 좋다. 인간관계를 잘 풀어나가기 위해서는 우선 동료를 사랑해야 한다.

성경 말씀에도 "너희 원수를 사랑하며 너희를 핍박하는 자를 위하여 기도하라."(마태복음 5장 44절)는 말씀이 있듯이 사랑이 매우 중요하다는 것을 항상 명심해라.

동료를 사랑하는 마음이 생기면 동료가 나쁜 일을 당했을 때 자기 일처럼 여기고 걱정해 줄 수 있게 된단다. 진심을 느낀 상대방은 고마워할 것이다. 즐거운 일보다는 슬픈 일을, 쉬운 일보다는 어려운 일을 도와주는 것은 말은 쉽지만 실천하기 어려운 일이기 때문이다.

친한 선배나 동료를 만들기 위해서는 우선 인간적인 유대관계를 형성해야 한다. 인간적인 유대관계가 형성되지 않고서는 친해질 수가 없기 때문이다. 회사에 입사할 때부터 다른 부서의 사람이라도, 만날 때마다 인사를 해서 너의 얼굴을 기억하게 하는 것이 필요하다. 남자직원과 친해지기 위해서는 무엇보다도 상대방의 관심사에 대해 공감하고 있다는 인상을 주어야 한다. 그리고 상대방에게 지금 필요한 것이 무엇인지를 파악해 그 문제를 해결하기 위한 노력을 기울이는 것이다. 일단 상대방이 너 자신을 위해 애써주는 사람이라는 인상을 받았다면 그 사람과 친해지는 것은 시간문제란다.

요즘은 남녀 평등시대라 어느 직장을 가든지 여직원이 많이 있을 것이다. 특히 여직원과 유대관계를 잘 맺으면 일을 하는 데 많은 도움이 된다. 남자직원이 챙길 수 없는 다양한 일들을 여직원들은 챙길 수 있기 때문이다. 부서 내에서 한 여직원이라도 너의 편으로 만들어 둔다면 훨씬 많은 일을 효과적으로 처리할 수 있을 것이다. 또한, 네가 알고 있는 정보를 공유한다면 서로의 장단점을 보완할 수도 있단다.

부서 내에 여러 여직원이 있다면 그중 가장 선배격인 여직원과 친해 두는 것이 좋다. 일을 처리할 때도 가장 선배인 여직원으로부터 먼저 조언을 구하는 것이 현명하다. 그러면 그 여직원은 자신이 할 수 없는 일일 때 다른 후배 여직원에게 도움을 요청하여 처리할 수 있도록 협조해 줄 수 있기 때문이다.

직장에서 동료의 용기와 의욕을 자극해 더 나은 목표로 지향하게 하는 데 필요한 것이 바로 '격려'의 말이란다. 즉 인간의 능력을 신장시키는 데 매우 중요하다는 것이다. 인간은 끊임없이 투쟁하며 삶을 영위해 나가는 습성을 지니고 있다. 그렇기 때문에 경쟁

심리를 자극하면 더욱 분발하려는 자세를 보이게 마련이니 그 사람을 더욱 분발하도록 하기 위해서는 라이벌을 만들면 된단다. 한 예로 마라톤에서 두 선수가 서로 선두를 달리면 기록이 좋아지지만, 1위로 달리는 선수와 2위로 달리는 선수의 거리가 너무 멀어지면 선두에서 달리는 선수는 경쟁자가 없기 때문에 심리적으로 불안해지고 그 탓에 기록도 저조해진다고 한다. 이처럼 어떤 사람을 더욱 분발하도록 하기 위해서는 경쟁심을 자극하는 것이 무엇보다도 효과적이다.

격려의 두 번째 방법은 최후의 수단이라는 위기의식이 들게 하라는 것이란다. 이 방법은 거듭 실패하여 실의에 빠진 상대에게 사용하면 효과적이지. 나폴레옹이 모스크바를 향해 진군할 때 브로지노 언덕에서 그의 부하들을 격려하기 위해 이렇게 말했다. "지금이야말로 여러분은 그동안 여러분이 열망해 오던 위대한 싸움에 임하게 된다. 승리는 바로 여러분에게 달려 있다. 여러분이 이 싸움에서 승리를 한다면 여러분은 후세에 길이 남을 영웅이 되는 것이고, 만약 이 싸움에서 실패한다면 여러분의 죽음은 개죽음에 불과하게 된다. 둘 중에 어느 것을 택하든 그것은 여러분의 자유다." 이 말을 들은 장병은 역사에 길이 남을 공적을 세우기 위해 모두 있는 힘을 다해 싸움에 임했다고 한다. 격려할 때도 이와 마찬가지로 하면 된다. 상대에게 불행과 행복 둘 중에서 하나를 최후의 카드로 선택하라고 한다면, 누구나 행복을 차지하기 위해 더욱 분발하게 될 것이다.

아침에 일어나서 출근하고, 퇴근할 때쯤이면 지쳐서 아무것도 할 수 없을 것 같아서 직장생활 이외의 일은 하지 않는 사람이 많다. 그렇게 현실에 안주해 버리는 것이다. 이른 새벽에 거리에 나가 보면 출근 시간도 아닌데 벌써 지하철이 붐비고 차 안에서도 스마트폰에 외국어를 다운받아서 공부하는 사람이 많단다. 퇴근하고서도 곧장 집으로 가지 않고 학원으로 달려가는 사람도 많다.

시간이 없다는 것은 결국 핑계일 뿐이다. 지금은 그렇게 하지 않으면 경쟁사회에서 살아남을 수가 없어서 결국 도태되어 버리는 수가 허다하단다. 힘들어서 아무것도 못 하는 사람은 정말로 힘든 것이 어떤 것인지 경험하지 못한 사람이다. 주어진 업무에만 안주할 것이 아니라 자신의 잠재능력을 계발해 활용할 수 있도록 노력해야 한다.

'주자십회朱子十悔'는 인간이 살아가면서 조심하고 삼가야 할 일이 있고, 때를 놓치면 뉘우쳐도 소용없음을 강조한 말이다. 이는 송나라 때 주자가 10가지로 정리해 놓은 글인데, 그중에 '소불근학노후회少不勤學老後悔'라는 명언이 있다. 즉 젊었을 때 부지런히 배우지 않으면 늙어서 후회한다는 뜻이다. 또한 '춘불경종추후회春不耕種秋後悔'라는 뜻은 봄에 열심히 밭 갈고 씨 뿌리지 않으면 가을에 거두어들일 것이 없어서 후회한다는 뜻이다.

젊음은 항상 있는 것이 아니고 잠깐 있다가 지나가는 것이란다. 그 기간을 속절없이 게을리 보낸다면 나이 들어서는 머리가 쇠퇴해지고 기억력이 둔화하여서 아무것도 할 수 없게 된다는 것을 명심하여라.

● 바람직한 대화 방법

말을 잘하는 사람을 가리켜 흔히 "언변이 뛰어나다."라고 한다. 그러나 말과 대화를 잘한다는 것은 약간의 차이가 있단다. 일방적으로 상대방에게 어떤 메시지를 전달한다든지 자신의 주장을 펼칠 때에는 언변이 뛰어난 것이 좋은 효과를 발휘하지만, 대화를 잘 나누는 사람은 언변이 뛰어난 사람이라기보다는 대화의 분위기를 잘 이끌어 가는 사람이다.

모임의 분위기에 맞게 처신하는 것과 분위기에 맞는 불을 꺼내는 것이 바로 대화의 기본이라 할 수 있다.

대화의 Key Point

- 대화는 우선 재미가 있어야 한다.
- 서로 좋은 느낌이 드는 화제가 있어야 한다.

- 맞장구나 제스처로 적절하게 대응해 주어야 말하는 쪽에서 흥이 난다.
- 알아듣기 쉽고 상대방에게 부담스럽지 않은 내용이어야 한다.
- 대화는 시작과 마찬가지고 끝맺음이 좋아야 한다.
- 대화는 처음부터 끝까지 밝은 마음으로 해야 한다.
- 상대방의 직위나 처한 사항을 고려하여 상대방의 입장에서 생각하고 말한다.
- 대화를 나눌 상대방이 내성적인 사람이라면 자신이 적극적으로 대화를 이끌어 나간다.
- 말주변이 없다고 미리 겁먹고 긴장할 필요는 없다.
- 업무와 관련된 이야기를 할 때에도 사람과 사람 간의 커뮤니케이션이라고 생각하고 따스한 마음으로 대화한다.
- 대화란 주고받는 것이다. 혼자 떠들지 말고 상대방의 말에 주의를 기울이고 관심 있게 듣는다.
- 회의 석상에서 대화를 할 때에는 사전 준비를 철저히 하고, 적극적으로 발언한다.
- 요점에서 벗어나는 말들은 삼간다.

대화를 재미있게 나누는 사람은 어떤 자리에서도 대화를 이끌어 나가는 주도자의 역할을 한다. 그런 대부분의 사람은 어떤 분야의 이야기가 나와도 곤경에 처하지 않을 정도로 다양한 상식을 가지고 있는 경우가 많다. 상대방에게 맞는 대화의 소재를 얻기 위해서는 일단 상대방에 대하여 잘 알고 있어야 한다. 어떤 모임에서 인기가 있는 사람들을 보면 우선 유머가 있고 박학다식한 경우가 많단다. 반면 대화에 잘 끼어들지 못하는 사람은 상대방이 이야기하는 분야에 대해 잘 모르고 있거나, 스스로 말솜씨가 없다고 생각하는 사람이 대부분이다. 말솜씨가 없다는 판단은 말을 잘 못한다기보다는 말하는 데 자신이 없는 것에서 비롯된단다. 남들처럼 재미있게 이야기하지 못한다면 일단 자신의 언어 습관의 변화를 시도해 보는 것이 좋다.

우선 처음에 했던 말에 대하여 끝맺음을 잘하고 있는지를 판단해 보는 것이다. 말은 시작했다가도 끝맺음이 정확하지 않은 습관이 있다면 바로 고쳐야 한다. 자신 있는 태도로 말을 끝맺는 것은 상대방을 설득하거나 이해시키는 대화의 기본적인 기술이다.

대화하다 보면 말이 통하지 않는 경우가 있다. 인간관계에서 가장 기본이 되는 것은 의사소통이란다. 회사 내에서 회의하다 보면 말이 잘 통하는 사람과 그렇지 않은 사람이 드러나는 경우가 종종 있다. 말이 통하는 사람은 간단하게 포인트만 말해도 쉽게 이해하는가 하면, 그렇지 않은 사람은 아무리 쉽게 설명을 해도 이해하지 못하고 동문서답을 하는 경우가 있단다.

의사소통을 정확히 하는 것 또한 하나의 기술이라고 할 수 있다. 핵심을 말하기 위하여 너무 돌려서 장황한 설명을 하면 오히려 지루해할 뿐만 아니라, 상대방의 정확한 의도를 파악하기가 어려워질 수 있기 때문이지. 따라서 자신의 취지를 정확히 전달하기 위해서는 될 수 있으면 쉬운 용어를 사용하되, 설명을 장황하게 늘어놓지 말고 마지막에 핵심을 정리해서 전달하는 것이 좋단다.

🟢 거절할 때는 상대방의 기분을 건드리지 않도록 하여라

요즘 신세대 직장인들은 일도 열심히 하지만 자신의 여가 또한 일 못지않게 중요하게 생각한단다. 그래서 자신이 맡지 않는 일이나 자신의 여가까지 침해하는 부탁에 대해서는 그 자리에서 "NO!"라고 말하는 경우가 일반적이다. 만약 "글쎄요."라고 적당히 얼버무린 후 나중에 "그건 도저히 못 하겠는데요."라고 거절한다면, 상사는 더더욱 그를 신뢰할 수 없게 될 것이다. 부탁받은 일을 할 수 없다면 "글쎄요."라고 말하는 것보다는 정중히 거절하는 것이 좋단다. 이때 거절하는 이유와 상황을 조리 있게 설명하고 미안하다는 뜻을 전하는 것도 중요하다. 자신의 능력이 부족해서 거절할 때도 그 이유를 분명하게 밝히고 다른 대안을 제시하는 것도 고려하는 것이 좋다.

경영전문 저널인 〈하버드비즈니스 리뷰〉에 거절 잘하는 방법을 더 자세히 알려주는 내용이 있어서 알려주고자 한다. 다음 내용은 『18분 : 인생을 바꾸는 시간』의 저자로 유명한 피터 브레그먼Peter Bregman이 쓴 글이란다.

첫 번째, "no"라고 말해야 할 상황을 확실히 정해두자.

자신에게 무엇이 중요하고 덜 중요한지를 잘 파악하고 있어야 한다. 어디에 시간을 쓰고 싶은지를 모른다면 어디에 시간을 쓰고 싶지 않은지 모를 수밖에 없다. "no"라고 말하기 전에 "no"라고 말하고 싶은 것이 무엇인지 분명히 해두어야 한다는 뜻이다.

두 번째, 거절하기 전에 감사하라.

뭔가를 부탁하고자 하는 사람이 상대를 경멸하고 있는 경우는 거의 없다. 당연히 도와줄 능력이 있다고 생각하기 때문에 부탁하는 것이다. 그러므로 부탁이나 권유를 하는 사람에게 먼저 감사해야 한다. 감사한다고 해서 "yes"라고 말해야 하는 것은 아니다.

세 번째, 부탁을 거절한다고 해서 부탁한 사람을 거절한 것은 아니다.

설사 부탁을 거절해도 상대를 배척하는 것은 아니라는 걸 분명히 해야 한다. 상대를 존경하고 있는 마음을 전하거나, 상대가 진행하고 있는 일에 감탄할 수도 있고, 상대의 열정이나 관용을 알아

준다는 느낌을 전하는 것이 중요하다. 예의 바르고 상냥한 태도를 보임으로서 사람을 배척하는 게 아니라 제안·부탁을 거절하는 것이라는 것을 알려야 한다.

네 번째, 거절하는 이유를 설명한다.

이유의 세부 내용이 중요한 게 아니다. 이유가 있다는 게 중요한 것이다. 왜 거절하는지 이유에 대해서 솔직해야 한다.

다섯 번째, 강한 상대에게는 단호해야 한다.

부탁해 온 사람이 간단히 물러나지 않는 때도 있다. 여기서 밀렸다간 상대방의 생각대로 되어버릴지도 모르니 주의해야 한다. 어느 정도의 선을 넘지 않은 범위에서 그들이 끈질긴 만큼 강하고 단호하게 거절해도 상관없다. '쉽게 포기하시지 않는 걸 잘 압니다. 그런데 저도 그렇거든요.' 이렇게 대처한다면 대부분의 생각 있는 사람이라면 적당히 물러서지 않을까 생각된다.

여섯 번째, 연습하라.

"no"라고 말하기 연습을 할 만한 적당한 장소를 찾아서 연습해 보는 것이다. 예를 들면 웨이터가 디저트를 권할 때 "no"라고 말해 본다거나, 길에서 누군가가 당신에게 물건을 팔려고 하면 거절해 보는 것이다. 아니면 혼자 방에 들어가서 큰소리로 "no"라고 열 번 정도 외쳐보는 방법도 있다. 바보 같아 보이지만 그게 도움이 된다.

일곱 번째, 거절 사유를 미리 확립해 놓는다.

여러 번에 걸쳐 귀찮은 부탁을 해오는 상대는 어디에도 존재한다. 이러한 경우에는 부탁받기 전에 미리 거절하는 것이 효과적인 방법이다. 예를 들면 "지금 제가 굉장히 중요한 일 때문에 집중해야 하니까 다른 일은 맡기 어렵습니다."라고 먼저 전해두는 것이다.

여덟 번째, 기회를 놓치지 말아야 한다.

"no"라고 말하는 게 어려운 이유 중의 하나는 혹시 그렇게 함으로써 기회를 놓치는 것은 아닌가 하는 염려가 있기 때문이다. 그러나 잘 생각해보면 무엇엔가 no라고 하는 것은 다른 무엇에 대해 yes라고 하는 것이다. 어느 쪽에나 기회는 있고 다만 두 가지 중 한 쪽을 선택하기만 할 뿐이니 일방적으로 기회를 놓친다고 생각할 필요는 없다.

아홉 번째, 용기를 내라.

"no"라고 말해본 적이 없는 사람이 "no"라고 말하는 데는 용기가 필요하다. 거절하면 나쁜 친구가 되는 건 아닌지 염려도 많을 것이다. 물론 상대방의 요청을 거절하는 것은 쉬운 일이 아니란다. 그 때문에 상대방과의 신뢰가 허물어질 수도 있고, 자신에 대한 인식이 나빠질 수도 있기 때문이다. 그러나 감당할 수 없는 일을 분명하게 거절하지 못하고 적당히 넘어가면 오히려 자신에게 피해가 올 수도 있다. 그러니 거절에도 용기가 필요하다.

할 수 있는 일을 거절하지 않는다는 인식을 상대방에게 꼭 심어야 한다는 것과 거절의 쓰라림을 조금은 덜어주기 위해 언제나 약간의 희망을 남겨두는 것도 잊지 마라.

🟢 시간 관리와 목표 관리하기

인생은 시간으로 시작해서 시간으로 끝난다고 할 수 있을 정도로, 시간은 우리의 삶과 매우 깊은 관련이 있단다. 따라서 시간은 우리가 그것을 소유했을 때만 시간이라고 할 수 있으며, 시간을 올바르게 사용할 때만이 가치 있게 살았다고 할 수 있지.

시간은 인간 누구에게나 똑같이 공평하게 주어진다. 단 한 시간이라도 온전히 자기 것으로 만드는 사람이 있고, 그냥 쓸모없이 허비해 버리는 사람이 있다. 출퇴근 시간이나 잠깐 틈이 날 때, 퇴근 후의 여가 등이 짧다고 해서 그냥 허비해서는 안 된다. 10분이 모여서 1시간이 되고 1시간이 모여서 하루가 되는 것이므로, 자투리 시간을 잘 활용하면 나중에 그 시간이 자신에게 힘이 되고 시간을 낭비하지 않는 습관이 몸에 익숙하게 된단다.

시간이 짧다고 불평할 것이 아니라 1분 1초를 아껴서 생활하는 습관을 길러라. 많은 시간이 주어졌다고 많은 일을 하는 것이 아니란다. 짧은 시간이라도 알차게 보내는 것이 중요하다.

대부분 직장인들이 아침에 출근해서 업무를 마치고 퇴근하기까지의 시간(8~9시간)으로 하루가 끝났다고 생각하는 경우가 많다. 하루 24시간 중 회사에서 보내는 시간보다 나머지 시간이 훨씬 많음에도, 그 시간을 자투리 시간으로 생각하고 그냥 생각 없이 낭비해 버리는 것이다. 퇴근 후의 시간이 피곤하다고 느끼는 것은 자신의 마음가짐에 따라서 달라질 수 있다. 24시간을 세분하여 잘 활용하여 규칙적인 수면과 규칙적인 생활습관, 규칙적인 운동습관을 갖는 것이 중요하다. 퇴근 후 동료와 술 한잔하는 시간, 노래방 가는 시간 등은 때로는 친목 도모의 일환이 될 수도 있지만, 그런 시간을 자주 갖는 것은 무의미하고 삶에 도움이 되지 않는단다. 또한, 목표가 없는 인생을 사는 사람은 일회적인 행동을 하게 된다. 평범한 생활이지만 뚜렷한 목표의식을 가지고 사는 사람은 그렇지 않은 사람과 비교할 때 뭔가 다르다는 것을 깨달을 때가 있을 것이다.

인생의 10대 목표를 한번 세워보는 것도 중요하단다. 예를 들면 세계 일주하기, 자격증 5개 이상 취득하기, 집 장만하기, 재산 10억 모으기, 아이들 잘 키우기, 불우이웃돕기, 외국어 공부하기 등과 같은 목표를 세우고 그 목표를 달성하기 위한 구체적인 방법도 연구하는 것이 좋단다. 이처럼 실현 가능한 목표를 세워 놓고 그것을 달성하기 위하여 최선의 노력을 한다면, 분명 생활방식이 달라질 것이다.

● 다른 사람의 장점을 배워라

　어떤 조직이든 간에 타의 모범이 되거나 머리가 좋은 수재는 존재하기 마련이다. 그런 사람들을 면밀히 살펴보면 생활습관, 일하는 자세, 시간 활용 등 분명 보통사람과는 다른 무언가를 찾을 수 있을 것이다. 그 사람에 대하여 유심히 관찰하고 관찰이 끝나면 그 사람의 장점을 일일이 메모해 두어라. 그중에서 네가 가지지 못한 것을 찾아내서 따라 해 보기 바란다. 몇 번 그러다 보면 더 좋은 방법이 생각날 것이다. 그렇게 다른 사람의 장점이나 좋은 점을 네 것으로 만드는 것이 중요하다. 여러 사람의 장점을 하나로 묶어 적용하다 보면 자신에게 맞는 더 좋은 방법이 떠오르게 된단다.

　일본이라는 나라가 원래는 창조보다는 모방을 잘하는 나라로 유명하였는데, 자꾸 모방하다 보니까 오히려 창조제품보다 우수한 자동차나 전자제품을 만들어 수출하는 선두주자가 되었다고 하더구나.

　배우는 데에는 위아래가 없다. 선배나 상사에게 배우는 것은 당연한 일이고, 자신보다 어리거나 아랫사람이라 하더라도 배울 점이 있으면 항상 배운다는 마음가짐을 가져야 한다. 그날 배운 것을 일과 후에 한 번쯤은 다시 기억해 보는 습관을 갖기 바란다. 어떤 사물에 대한 지식은 한번 배웠다고 해도 금방 잊어버리게 마련이다.

　사람에게서 얻은 정보뿐만 아니라 신문을 보다가 새로운 정보를 얻었을 때에도 그 정보를 메모하는 습관을 지녀라. 정보를 새로 입수하였다고 하더라도 그것을 오래 기억하기는 어렵기 때문이다.

🟢 정리 정돈은 업무의 기본이다

직장인들은 많은 시간을 책상에 앉아 일을 처리하는 데 보낸다. 세일즈맨이라 해도 회사에 출근하여 일과를 계획하는 것은 책상에서 하게 된다. 따라서 책상은 업무의 시작과 끝을 결정짓는 중요한 자리라고 할 수 있지.

책상이나 의자를 비롯하여 자신의 주변을 정리 정돈하는 것은 업무에 임하는 자신의 마음가짐과도 같단다. 개인의 성격에 따라 정리 정돈의 기준이 다르겠지만, 적어도 다른 사람에게 난잡하다는 인상을 주어서는 안 된다. 사무실의 책상은 그 주인의 얼굴이라고 할 수 있다. 책상 위에 서류나 자료가 어지럽게 흩어져 있고 주변도 지저분하다면, 보는 사람에게 '참 바쁜 사람'이라는 생각을 들게 하기보다는 '참 게으른 사람'이라는 생각을 하기 쉽다.

일반적으로 사람의 얼굴과 옷차림으로 그 사람의 사회적 위치를 짐작할 수 있듯이, 사무실의 책상도 그 주인의 성격과 위치를 말해 준다고 해도 그리 틀린 말은 아니다. 그렇게 본다면 자신의 책상을 잘 정리 정돈하는 데서부터 자신의 사회적 위치를 높이는 노력이 시작된다고 볼 수 있단다.

사소한 일에 완벽을 기할 줄 아는 사람이 큰일도 잘 처리할 수 있는 법이다. 책상을 깨끗이 정리 정돈하는 일, 자리를 뜰 때 의자를 집어넣는 일 등 기본적인 사무실 예의를 지킬 줄 아는 사람이 많은 업무도 효율적으로 잘 처리할 수 있는 것이란다.

자신은 의식하지 못하더라도 사람의 무의식은 주변에 있는 것은 하나도 빠뜨리지 않고 볼 수 있다고 한다. 한 가지 일에 몰두하다가도 뚜렷한 이유 없이 다른 일을 들춰보는 버릇이 있는 사람은 분명 너저분한 책상의 주인일 것이다. 업무의 진척을 위해서도 우선 자신의 책상부터 점검해 보면서 의식적으로라도 책상 주변을 정리한다면, 심리적 안정은 물론 업무의 효율도 높일 수 있을 것이다.

논리적인 대화 습관을 지녀라

자신은 조리 있게 말을 잘한다고 생각하는데 상대방은 "무슨 말인지 모르겠다."고 하는 경우가 있다. 그저 장황한 연설을 즐기거나 수다가 목적이 아니라면, 말하고자 하는 핵심을 명확하고도 알기 쉽게 전달하는 기술은 필수적이란다.

논리적이지 않다는 것은 어떤 경우일까? 경우에 따라 상대방의 말이 잘 이해되지 않는다든가, 아니면 결론을 모르겠다든지, 표현이나 근거가 적절하지 않다든지, 비약이 심한 경우들을 들 수 있을 것이다. 그와 반대로 생각해 보면 '논리적 대화 습관'이 무엇인지 분명해진다. 즉 논리적 대화법이란 상대방에게 말하고자 하는 내용을 단도직입적으로 전달하는 것을 목표로 해야 한다는 것이다. 특히 비즈니스 현장에서라면, 상대방에게 자기주장의 내용과 근거를 얼마나 쉽게 이해시키느냐 하는 것이 키포인트가 된다고 할 수 있다.

결론을 명확하게 전달하기 위해서는 우선 결론부터 말하고, 마지막까지 상대방의 주의를 끌 수 있도록 대화를 이어나가야 한다. 이때 주관적인 근거로는 불충분하며, 반드시 합리적인 근거를 갖춰야 한다. '왜?'라는 물음과 '왜냐하면!'이라는 합리적 설명이 논리의 기본이다. 이것을 직선 논리라고도 하는데, 직선 논리는 상대방의 물음에 대하여 결론을 쉽고 명확하게 전달하는 화법이란다.

논리적 대화법 역시 다른 능력들과 마찬가지로 훈련으로 익힐 수 있다. 대화할 때 감정과 주관에 치우치기보다는 합리적이고 건설적이고 창조적인 사고방식을 전개하는 것이다. 그 외의 기술적인 면으로는 장황한 서두와 필요 없는 말의 생략, 애매한 단어의 명확한 정의와 적극적인 경청이라고 할 수 있다.

논리적 대화법을 이용하여 상대방을 설득하는 것도 중요하지만, 그렇다고 자신이 설득당하고 있다는 것을 좋아할 사람은 없을 것이다. 따라서 상대방에게도 이익이 있음을 전달하고 실제로 서로에게 득이 되는 설득을 해야 한다. 또한, 대화할 때 상대방을 배려하면서 감정에 치우치지 말아야 한다. 대화하다 보면 논리를 떠나 상대방의 말투와 태도 때문에 화가 나는 경우도 많단다. 그래도 끝까지 논리적이고 경우 있는 말씨를 생활화해서 남에게 피해를 주지 말아야 한다.

생활 속의
매너

● **기본 매너를 지켜라**

사람은 한평생을 수많은 만남을 통해 살아가고 있다. 옷깃만 스쳐도 인연이라고 하지 않니? 수없이 스쳐 지나치는 순간적 만남에서부터 깊은 마음과 정성을 다하는 진정한 만남에 이르기까지 수많은 만남이 있단다.

삶 자체가 그러한 만남의 연속이라고 할 수 있으며, 그와 같은 만남이 어떻게 이루어지느냐에 따라서 삶의 질이 달라질 수도 있는 것이다. 함께 살아가는 공동체적 삶은 인간의 기본 원리이지만 그 삶을 보다 아름답게, 좀 더 멋지게, 보다 좋은 관계를 맺는다는 것은 그리 쉬운 일이 아니다. 이처럼 관계를 통해서 만나는 만남을 보다 원만하게 하는 데 필요한 '매너'라는 것이 있다. 매너를 프랑스에서는 '에티켓'이라고 하더구나.

　삶의 환경이나 문화적 배경이 다른 사람끼리 서로 조화를 이루어 감에 있어, 행동양식이나 질서를 지키면서 서로 공감하는 건전한 사고방식으로 다른 사람을 배려하며 사는 것이 곧 매너란다. 흔히 말하기를 "그 사람 매너가 빵점이야." "그 사람 매너가 아주 훌륭해."라는 말들을 한다. 매너가 좋은 사람을 만나면 기분이 좋아질 뿐 아니라 더욱 가까이하고 싶어 한단다. 또 어떤 일을 할 때도 매너가 좋은 사람과 함께하면 일의 성과도 높게 나타난다는 실험 결과가 있었다. 요즘 기업에서 신입사원 면접 테스트를 할 때에도, 그 사람이 서비스 정신의 기본 매너를 갖추고 있는지를 가장 비중 있게 체크한다고 하더라.
　매너의 기본은 나 자신만을 생각하지 않고 상대방의 입장이 되어 생각하는 거란다. '역지사지易地思之'라는 말이 있는데, 상대방의 입장에 서서 상대방의 입장을 먼저 생각해 보라는 뜻이다. 자기만 알고 자기 자신에 대해서 왜곡된 마음가짐을 가지고 있다면, 인간관계를 원만히 할 수 없는 매너가 좋지 못한 부류에 속한다.

　이웃 간에도 지켜야 할 매너가 있다. 요즘 아파트 생활에서 층간의 방음이 제대로 되어 있지 않아 층간 문제가 심화한다는 기사를 많이 나오고 있단다. 그 때문에 서로가 조심하는 것이 기본인데도, 밤늦게까지 피아노를 친다든지 밤늦게 세탁기를 돌리고 큰 소리

로 부부싸움을 하여 위아래층이나 옆집에 피해를 주는 행위 등을
자주 볼 수 있다. 그 때문에 다툼이 벌어지기도 하는데, 이러한 사
람을 칭하여 기본 매너가 되어 있지 않은 사람이라고 부른단다.

🟢 인상 관리에 주의하여라

인상 관리도 매너에 속한다.

종종 사람을 만나면 "어쩐지 저 사람에게는 호감이 가네." 또는
"객관적으로는 괜찮은 편이나 좋지 않은 인상을 받았어." 등등 사
람의 인상을 말하곤 한다. 사람이나 사물을 보고 감각적으로 느끼
는 인상이 이미지다. 그래서 인상은 상대방 마음의 거울에 비치는
나의 모습이라고 할 수 있단다.

인상이 좋지 않은 사람은 출세에도 지장을 줄 수 있지. 인상에는
외적인 인상과 내적인 인상이 있다. 외적인 인상은 외모로 드러나
는 표정, 용모, 복장, 자세, 행동거지로 표현되지만, 내적인 인상은
그 사람의 성격, 가치관, 이상, 지적인 수준 등을 반영한 것이다. 그
러므로 내외적인 인상을 두루 갖추어야 그 사람의 됨됨이를 알 수
있지.

상대방에게 좋은 인상을 주기 위하여 먼저 자기 자신을 관리하

는 것이 인상 관리의 한 요소란다. 즉 내외적인 인상관리를 해야
하는데 말로는 쉬운 일 같지만, 실제로 관리하고 실천하는 과정이
쉬운 일은 아니다. 하지만 쉬운 일이 아니라고 해서 포기하거나 망
각해 버리면 매너를 포기하는 경우가 되고 말 것이야.

🟢 옷차림은 상대방에게 호감이 가도록 하여라

나폴레옹은 "사람은 입은 대로 사람이 된다."라고 하였다.
몸가짐을 단정히 하고 청결히 하면 기분도 상쾌해진단다. 어수
선하고 흐트러진 몸가짐보다는 청결하고 단정하고 가능한 한 아
름답게 할 필요가 있다.

의복은 '제2의 피부' 혹은 '옷이 날개'라고도 한다. 그래서 옷차림
은 그 사람의 됨됨이를 나타낸다. 옷차림이 그 사람의 행동을 결정
짓고, 행동은 의식을 좌우하며, 그 의식은 운명을 결정지음으로써
곧 자신의 첫인상을 결정짓는 것이다. 용모와 복장으로 결정된 첫
인상이 상대방으로 하여금 호감을 느끼게 하며, 그로 인해 좋은 유
대관계가 형성되어 직장 분위기가 좋아지고, 결국 일의 성과도 높
일 수 있다.

옷차림과 관련한 재미있는 실험이 있어 소개하고자 한다. 『성공

하는 남자의 옷차림』을 쓴 존T. 몰로이는 다음과 같은 시험을 했다.

첫 번째 실험은 100명의 실험대상자에게 똑같은 양복을 입힌 뒤, 고급 넥타이와 싸구려 넥타이를 각각 매게 했다. 그리고 고속버스 터미널로 가서 행인에게 "지갑을 잃어버렸으니 차비를 좀 보태 달라."는 부탁을 하게 한 것이다.

고급넥타이를 했을 때는 한 시간 동안 34달러 6센트

싸구려 넥타이를 했을 때는 한 시간 동안 9달러 12센트

넥타이를 매지 않고 실험했을 때는 8달러 42센트를 빌릴 수 있었다고 한다.

또 다른 실험에서는 중상류층 출신의 25세 대졸 남성을 100개 회사에 보내는데, 절반은 하류층이 입는 옷차림으로, 나머지 절반은 중상류층 사람이 입는 옷차림을 했다. 위에서 한 실험과 같은 옷차림이었다. 그들을 보내기 전에 몰로이는 각 회사 사장들에게 전화해서 "직원을 하나 새로 뽑았는데, 비서들을 시켜 그를 안내하도록 지시해 달라."고 당부해 두었다. 실험에 참여한 남성들은 각 회사로 가서 비서에게 이것저것 사소한 것을 부탁했다. 서류파일을 가져다 달라거나 하는 것들이다.

결과는 꽤 의미심장했다. 중상류층 옷차림을 한 사람 100명 중 42명은 서류를 10분 이내에 받을 수 있었다. 그러나 하류층 옷차림을 한 사람 100명 중 단 12명만이 10분 이내에 파일을 받았던 것이

다. 의식적이건 무의식적이건 사람은 옷차림에 대한 일정한 반응을 보인다는 것을 확인할 수 있는 실험이었다.

　미국은 레인코트가 사회에서 가장 기본적인 의류 아이템이기 때문에 레인코트의 색깔에 대한 선입견을 갖고 있다고 한다. 보통 레인코트의 색상은 검은색 베이지 색상인데, 베이지색 레인코트를 입은 사람을 상류층, 검은색 레인코트를 입은 사람은 하류층일 것이라고 짐작하는 것이다.
　실제로 상류층 고객들이 많은 의류판매장에서는 베이지색이 70~80%정도의 판매량을 보이고, 반대로 하류층 고객들이 많이 찾는 의류판매장에서는 검은색 판매량이 70~80%라고 한다. 그래서 몰로이는 이러한 성향을 반영한 실험을 진행했다.

　〈월스트리트 저널〉을 넣은 서류 봉투를 들고 아무 회사나 들어가서 안내데스크나 비서에게 "사장을 만나 봉투를 직접 전해 주고 싶다."고 말하는 것이다. 검은색 레인코트를 입었을 때에는 25개의 봉투를 전하는 데 하루 반이 걸렸지만, 베이지색 레인코트를 입었을 때는 아침나절에 모두 전달할 수 있었다고 한다.
　슈트에 셔츠, 타이를 매었어도 검은색 레인코트를 입었을 때에는 기껏해야 잘 차려입은 배달원 정도로 보였는지 밖에서 기다리거나 거절당하기 일쑤였다. 그러나 같은 차림에 베이지색 레인코트를 입었을 때에는 훨씬 수월하게 들어갈 수 있었다.

옷은 사람의 취향, 가치관, 직업, 사회적 지위, 자신의 개성을 표현하기 위한 수단이다. 그렇게 사람들은 의식적으로나 무의식적으로 어떠한 행동을 할 때 옷차림에 일정한 패턴의 반응을 보이는 거란다. 즉 옷차림이란 우리가 중요하게 여기거나 좋아하는 것들을 갖추고 있는 것처럼 보이게 한다는 것을 의미한다. 그렇다고 무조건 고가 브랜드의 옷차림으로 과하게 치장할 필요는 없다. 소박하고 기품이 있는 옷차림으로 단정히 자기 이미지를 살려주는 것이 좋다. 여성들은 다양한 옷차림으로 이미지를 나타내지만, 남성은 정장이나 간단한 재킷과 바지 등으로 단정하게 입기만 하면 된단다.

🟢 바른 자세와 예의 바른 인사

매너 있게 행동하려면 바른 자세와 동작이 기본적으로 체질화되어 있어야 한다. 우리를 괴롭히는 질병 가운데 상당히 많은 부분이 나쁜 자세에서 비롯된다고 하더구나. 바른 자세와 바른 동작을 하는 사람은 우선 다른 사람에게 기품이 있는 사람이라는 인상을 심어주게 되고 안정된 분위기를 느끼게 해준단다. 그러니 항상 바르고 편안한 자세를 가지도록 하여라.

매너 중에 가장 중요한 것이 인사 매너다. 아침에 눈을 뜨고 만나는 가족에서부터 하루에도 수많은 사람과 인사를 나누고 있다. 인사는 그야말로 사람의 행동 중 가장 중요한 부분이므로, 기왕에 하는 인사라면 상대방에게 호감을 주는 인사를 하여야 한다. 우리나라 사람들은 인사하는 것이 습관화되어 있지 않은 관계로, 서로 아는 사람이나 특별한 사람이 아니면 마주쳐도 인사를 하지 않고 지나치는 경우가 많단다.

선진국 사람들이나 가까운 일본 사람들을 보면 알지 못하는 사람을 만나도 대부분 친절하게 인사하는 것을 볼 수 있다. 특히 아침에 만나면 "굿모닝!" 하고 누구를 막론하고 인사를 하지. 인사는 서로 만나거나 헤어질 때 하는 것으로서 상대방에게 호의를 표시하는 중요한 수단이란다. 또한, 상대의 인격을 존중하고 상대방을 환영한다는 의미가 포함되어 있다. 그러니 가능하면 인사는 친절하고 정중해하게 하도록 하여라.

대화에도 매너가 있단다. 대화는 말하기와 듣기의 순환과정이라고 할 수 있지. 흔히 사람들은 입으로 말하고 귀로 듣는다고 생각하지만, 대화의 바탕에는 '마음'이 들어있어야 한다. 자신의 마음을 열어놓고 말하고, 마음을 열어 상대방 말에 귀 기울일 때 원만한 대화가 가능하다. 이처럼 대화를 하는 과정에도 매너가 필요하단다.

말을 잘한다는 것은 상대방에게 유창한 언변으로 미사여구를 구사하는 것만이 아니다. 먼저 말을 잘하려면 자신이 하고자 하는 의사가 무엇인지를 명확하게 정한 다음, 상대방이 듣기 좋은 음성과 호감이 가도록 효과적으로 말하는 요령이 필요하다.

　듣기 좋은 음성이란 거칠고 딱딱한 목소리보다 포근하고 부드러운 목소리를 의미한다. 말은 그 사람의 인격이나 교양을 나타내는 척도라고 할 수 있으므로, 상소리나 비속어를 사용해도 안 되고 과장된 표현이나 지나친 농담을 하는 것도 안 된다.

　"말이 씨가 된다."라는 속담이 있다. 품위 있는 언행 생활이란 하루아침에 되는 것이 아니므로, 평상시에 좋은 말을 가려서 하는 습관을 길러라. 또한, 언어습관이 그 사람의 운명을 바꿀 수 있다는 사실을 잊지 마라.

　이해인 수녀님이 말의 중요함을 시로 써서 표현한 것이 있어서 옮겨본다.

향기로운 말

매일 우리가 하는 말은 향기로운 여운을 남기게 하소서.
상대방의 입장을 헤아리는 사랑의 말을 하게 하시고
남의 나쁜 점보다는 좋은 점을 먼저 보는 긍정적인 말을 하게 하소서.

매일 정성껏 물을 주어 한 포기의 난초를 가꾸듯 침묵과 기도의
샘에서
길어 올린 지혜의 맑은 물로 우리의 말씨 가다듬게 하소서.
겸손의 그윽한 향기 그 안에 스며들게 하소서.

3장

각박한 세상에서

영환이를 양육하시는 할머님께
사랑하는 내 아들 영환에게
자녀를 양육하시는 부모님께
의사자·의상자 유족에게 드리는 말씀

유가족을 위한 기도!

– 권희철

하늘에 계신 우리 아버지, 하늘과 땅과 그 가운데 있는 모든 만물을 지으신 전능하신 하나님 아버지! 매 순간 인간의 생사화복을 주관하시고 감찰하시고 지켜주시는 주님! 오늘도 우리 삶의 방패요 보호자가 되어주신다고 약속하여 주시니 감사합니다. 무기력하기 그지없는 우리네 흙덩어리 인간이 두렵고 떨리는 심정으로 전능자 하나님 앞에 서 있습니다. 창조주이신 당신은 사람을 흙으로 지으시고 숨을 불어넣으시고 이 세상에 사는 동안 주님을 섬기고 이웃을 사랑하라 하셨습니다.

오늘 주님께 간절히 바라옵기는 주님이 정해 주신 짧은 인생 여정을 마치고 주님의 품으로 돌아간 故 설동월과 이진숙 부부를 다시 한 번 상기하면서 간절히 부탁의 기도를 드립니다.

아뢰옵기는 故 설동월과 이진숙 부부는 일생을 사는 동안 비록 웅대한 꿈을 펼치지는 못한 채 짧은 육신의 생을 마감하였습니다만, 마지막 가는 길에 이 세상에 귀감이 되는 너무도 큰 교훈을 남기고 가셨습니다.

　2005. 2. 9 밤 9시경 자동차 운전 중에 전북 완주군 구이면 계곡터널 부근을 지나는 순간, 앞서 가던 차가 빙판길에 미끄러져 도로 중앙분리대를 들이받은 뒤 자동차 고장으로 문이 열리지 않아 운전자가 차 밖으로 빠져나오지 못하고 있었습니다. 그 모습을 보고 그냥 지나치지 않고 도로 한가운데서 위험을 무릅쓰고 고장 난 운전석 문을 열어서 안전한 곳으로 구조 활동을 하던 중, 뒤에서 달려온 차가 현장을 덮친 바람에 구조한 사람은 살았지만 설동월 부부는 그 자리에서 귀중한 목숨을 잃고 말았습니다. 천만다행으로 사고 현장에서 뒤의 자동차가 달려오자 안고 있던 세 살 된 아이를 살리기 위해 도로 밖으로 던져 그 아이는 기적적으로 살아나게 되었습니다.

　그 후 두 부부는 살신성인의 정신으로 남을 구조하다 목숨을 잃었다는 목격자의 진술이 인정되어 보건복지부로부터 의사자로 인정을 받았고, 그때 살아난 아이는 할머니가 지금까지 양육하고 있으며 어느덧 성장하여 초등학교에 다니고 있습니다. 그러나 할아버지 할머니 형편이 넉넉하지 않은 관계로 앞으로 성장 과정에서 생활비와 교육비 문제 등등이 여간 걱정이 아닐 수 없습니다.

　故 설동월의 부모님은 그때 자식 내외를 한꺼번에 잃은 엄청난 시련으로, 아직도 정신적인 고통과 아픈 마음을 달래가며 지내시고 계십니다. 그 모습을 옆에서 지켜볼 때마다 감히 뭐라고 위로해야 할지 엄두가 나지 않습니다. 그러나 하나님, 이제 우리는 겸손하게 하나님을 바라보며 간절한 소원의 말씀을 올립니다. 살든지 죽든지 우리의 영혼과 육체는 우리 자신의 것이 아니라 우리의 신실하신 주님께 속해 있음을 고백합니다.

　하나님의 뜻과 섭리가 어디에 있는지 저희는 알지 못하고 방황하고 있습니다. 다만 간구하옵기는 설동월 부부가 평소 착하게 살면서 하나님을 사모하였으며, 살신성인의 정신을 발휘하다가 고인이 되었사오니 하나님께서 기쁘게 영접하여 주셨을 줄로 믿습니다. 또한, 슬픔에 빠진 유가족들을 위로하여 주시고, 새 힘을 허락하시고 평강의 은혜를 내려주시옵소서.

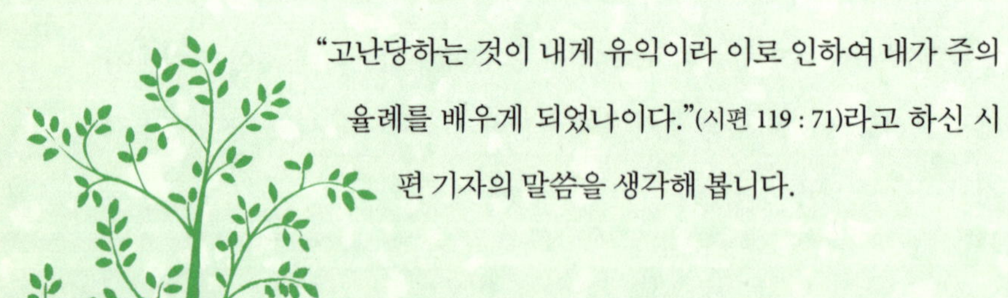

　"고난당하는 것이 내게 유익이라 이로 인하여 내가 주의 율례를 배우게 되었나이다."(시편 119 : 71)라고 하신 시편 기자의 말씀을 생각해 봅니다.

고난을 통하여 참 하나님을 보게 된 욥이 고백한 것처럼 하나님께 겸손한 마음으로 기도드리오니 큰 역사를 이루게 도와주시옵소서. 이제 고인의 가정이 큰 환난을 겪게 하셨으니 하나님의 그 크신 은혜로 고통과 환란 속에서 벗어날 수 있게 도와주시옵소서. 두 부부는 생전에 하나님을 영접한 독실한 기독교인입니다. 두 부부가 뿌리고 간 아름다운 씨앗이 사랑하는 가족들에게 언제 어디서나 같이하게 하여 주옵소서.

생명의 근원이신 하나님!

고인이 남기고 간 아들 영환이가 훌륭하신 부모님의 아름다운 유업을 받들어 믿음 가운데에서 크게 성장하여 부모님의 유업을 받아 큰일 할 수 있도록 도와주시옵소서. 살거나 죽거나 하나님의 영광을 위한 한 송이 피고 지는 꽃이 되게 하소서.

거룩하신 예수님의 이름으로 고인의 명복을 빌면서 간절히 소원의 기도드립니다. 아멘.

영환이를
양육하시는
할머님께

지난 2005년 2월 기억하기조차 싫은 억장이 무너지는 악몽의 날로부터 8년이라는 시간이 지나, 유일하게 살아남은 핏덩이 영환이가 어느덧 커서 학교에 다니는 모습을 보게 되었군요. 옛말에도 부모가 죽으면 땅에 묻고, 자식이 죽으면 가슴에 묻는다고 했습니다. 더구나 살신성인의 정신으로 좋은 일을 하다가 참변을 당한 자식들을 보내게 되었으니 오죽 힘드셨겠습니까.

돌아올 수 없는 먼 길로 자식을 홀연히 떠나보낸 후, 정신적 고통과 아픈 마음을 달래가며 지내시는 모습을 옆에서 지켜볼 때마다 저는 감히 뭐라고 위로의 말씀조차도 드리지 못했습니다. 그러나 천우신조로 혈육인 손자 영환이가 생존하였기에 얼마나 다행한 일입니까? 다행스럽게도 영환이가 건강하고 커가고 있고, 명랑하고 씩씩하게 자라고 있으니 그 아이를 희망이라 생각하시기 바랍니다. 그러니 슬픈 마음은 이제 접으시고 오로지 영환이가 건강하게 커서 행복하고 안정된 삶을 누렸으면 좋겠습니다.

지금은 영환이가 아직 어려서 큰 문제가 없다고 하지만, 점점 자라면서 사춘기가 오면 반항심도 생기게 될 것입니다. 또한, 부모가 계시지 않는 데 대한 의구심과 수치심을 가질 때도 있을 것입니다. 그러기에 더욱 관심을 두어야 한다고 생각합니다.

요즘 아이들을 지도하는 방법이 옛날 방식과 달라서 더욱 심사숙고하지 않으면 안 될 것입니다. 그래서 제가 외국에 살 때 보고 느낀 어린이 양육방법을 정리해서 드리려고 합니다. 제 생각이 정답은 아니더라도 다소 도움이 되었으면 하는 바람입니다.

● 책임감과 독립심을 갖도록 하세요

부모는 항상 자녀에게 책임감을 가르칠 기회가 있습니다. 대부분 가정에서는 자녀의 책임감을 길러주기 위하여 집안일을 돕도록 합니다. 예를 들어 쓰레기를 버리게 한다거나 집 안 청소를 하는 것은 아이들의 책임감을 완수케 하는 것이지요. 생활 속에서 습관이 되는 좋은 영향을 준다고 생각합니다. 귀찮은 집안일이라 하여 때로는 자녀에게 적극적인 영향을 주지 못하는 경우도 있을 것입니다. 어떤 가정에서는 매일 부모와 자녀 사이에 이러한 성가신 일을 가지고 말다툼을 하는 경우가 생기기도 합니다.

어른들에게 성가신 일은 아이들에게도 마찬가지입니다. 그런데도 억지로 하도록 강요하면 결국 아이들이 복종하긴 해도 결국에는 인격 형성에 바람직하지 못한 영향을 미치게 되고 맙니다. 책임감은 가정에서나 공공생활에서 자연스럽게 생활하는 과정에서 얻어지며, 그러는 과정에서 아이들은 성장해 가는 것입니다.

어른들의 태도와 행동이 영환이에게 책임감을 갖게 하는 결정적인 요인이 됩니다. 부모가 자기의 모든 감정을 자녀에게 숨기지 않고 솔직한 태도로 보여주면, 영환이 또한, 솔직한 표현과 행동을 받아들일 것입니다.

영환이의 잘못으로 짜증이 나는 경우가 생기시더라도, 비위를 거스르지 말고 타일러서 긍정적 판단을 할 수 있도록 유도하세요. 아이들이 태어날 때부터 책임감을 가지고 태어나는 것도 아니고, 어떤 일정한 시기에 이르러 자연적으로 책임감을 배우는 것도 아닙니다. 아이들은 서서히 피아노를 배우는 것과 같이 책임감은 장기간을 두고 성장해 가면서 서서히 얻어지는 것입니다.

통상적으로 책임감에 대한 교육은 맨 처음 어린이의 생활에서 시작됩니다. 왜냐하면, 아이가 커서 사회생활을 하는 데 책임감이 차지하는 비중이 그만큼 높기 때문입니다. 책임감이 부족하게 되

면 나중에 커서 사회에 진출해 독립성을 성취하는 데 전적으로 지
장을 주게 됩니다. 그러므로 책임감과 독립성은 상관관계라고 할
수 있습니다. 독립심은 스스로 일어서는 힘의 원동력입니다.

고기를 잡아서 먹을 수 있도록 도와주는 것보다, 스스로 고기를
잡아서 직접 먹을 수 있는 법을 가르쳐 주는 것이 더욱 효과적입
니다.

● 훈계와 제지에는 반드시 관용이 있어야 합니다

아이를 훈계하는 방법에서 옛날 사람들이 훈계하는 방법과 오늘
날 훈계하는 방법에는 많은 차이점이 있습니다. 옛날 사람들은 권
위의식을 가지고 명령하는 식으로 자녀를 다스렸습니다. 그러나
요즘에는 그런 식으로 훈계하면 오히려 반발심을 가지며 훈계의
효과도 없게 됩니다.

옛날 사람들은 비록 결과가 잘못될망정 조건 없는 확신을 하고
훈계했습니다. 그러나 오늘날 부모가 자녀와의 관계에서 확신을
하지 못하는 가장 큰 원인은 요즘 아이들이 너무 앞서 가기 때문에
아이들의 생각에 못 미치는 경우가 많기 때문입니다.

의사가 환자를 진찰할 때 보다 확실한 기술과 확신 없이 추측으
로만 진찰한다면, 우리는 그 의사를 신뢰할 수가 없게 되죠. 요즘
의 아이들에게도 마찬가지입니다. 부모가 전문적인 지식이나 방

법을 추구하지 않고, 자녀를 미숙하게 컨트롤한다면 부모와 자녀 간에 심각한 문제만 남게 될 것입니다. 어느 책을 보니 요즘에는 부모도 프로가 되지 않으면 자녀를 양육할 수 없다고 한 내용이 있더군요.

영환이를 대할 때 보다 주의 깊게 행동을 취하여 잘 돌볼 수 있기를 바랍니다. 어른들은 통상 아이들에게 잘못되거나 달갑지 않은 행동은 못하게 하면서도, 그와 같은 행동을 하게 된 동기와 이유에 대하여는 알려고 하지 않습니다. 이치에 합당치 않고 일관성이 없으며 모욕적이고 감성적인 어조로 제지하고 그칠 뿐이죠.

훈계는 어린 자녀가 최소한 알아들을 수 있는 범위 내에서 꼭 필요할 때에 해야만 합니다. 또 훈계를 자주 하게 되면 아이들은 그 훈계를 진심으로 받아들이지 않고 잔소리로만 듣게 되며, 오히려 대부분 아이들을 어른들에게 반항하게 합니다. 어린이를 다룰 때는 감정과 행위를 함께 다루어야 합니다.

부모들은 자녀가 느낀 것이 있으면 무엇이고 말하도록 내버려 두어야 합니다. 달갑지 않은 행동은 저지하되, 아이의 자존심이 상하지 않는 범위 내에서 해야만 합니다. 아이들의 불합리한 행동을 제지할 때 폭행을 가한다거나 지나치게 분노하여 제지하는 것은 될 수 있으면 삼가야 할 것입니다. 아이에게 잘못한 점을 분명히 말하여 주고, 그 잘못한 점에 대하여 인정할 수 있도록 설명해 주고 타일러 주는 것이 무엇보다 중요합니다.

아이를 제지하는 부모의 감정이 일관성이 있고, 제지가 귀에 거슬리지 않고 옳은 것이라고 판단되면, 아이들은 어른들의 말에 동의하고 따르게 마련입니다. 그러나 어떤 아이는 부모가 하지 말라고 하는 일을 한사코 하려고 하는 경우가 있습니다. 왜 부모의 제지에도 한사코 하려고 하는가에 대하여 유심히 살펴보아야 합니다.

예를 들어 동네에서 남의 아이를 보기만 하면 다가가서 때린다거나 집 안에서 벽에 낙서하려고 하면, 무조건 하지 말라고 혼내기보다는 "동네 아이가 너한테 맞으려고 서 있는 것이 아니야." "벽은 낙서하기 위해 있는 것이 아니야."라고 부드럽게 말하는 것이 더 효과적일 것입니다.

바람직하지 못한 경우의 예를 들어 보겠습니다.

"영환아, 넌 내가 꼭 큰소리를 쳐야 알겠니?(거칠고 날카롭게) 정말 그 행동 그치지 못하겠니? 종일 할머니가 매를 들고 있어야겠니? 한 번만 더 그래 봐라. 가만두지 않을 테니."

이처럼 위협적으로 자녀의 다짐을 받으려 하는 것보다는 화난 감정을 그대로 표현하지 않고 부드럽게 표현하는 것이 더 효과적일 것입니다.

"영환아, 네가 하는 걸 보니 이 할머니가 못 보겠구나. 그러면 이 할머니는 화가 나서 못 살 것 같구나. 이건 던지는 물건이 아니야. 너에게는 던지며 노는 공이 있지 않니?"

이처럼 제지를 가하면서도 아이의 마음을 상하지 않도록 각별히 신경을 써야 할 것입니다.

요즘 아이들은 부모들이 때려서 훈계하는 것을 싫어합니다. 그러므로 아이들을 매를 들어서 훈계하기보다는, 아이의 충동적인 감정이 빠져나갈 수 있는 상징적인 어떤 출구를 제시해 주어야 할 것입니다.

아이에게 자신의 죄책감과 분노를 표현할 수 있는 더 좋은 방법이 주어지고, 부모들이 강력히 제시할 수 있는 좋은 방법을 알고 있다면 꼭 체벌을 가할 필요는 없을 것입니다.

● 일상생활 과정을 두루 살피세요

문화가 발달함에 따라 요즘 아이들의 양육방법도 다양하게 변화되어 가고 있습니다. 옛날 따뜻하고 포근한 어머니의 젖가슴 대신 인체공학적으로 설계됐다는 우유병이 역할을 대신하고, 따뜻한 무명으로 된 기저귀 대신 바로바로 흡수된다는 뽀송뽀송한 새로운 기저귀가 등장했습니다. 어머니의 편안함을 위한 갖가지 신제품들이 쏟아지고 있지요. 앞으로는 그보다 간편한 방법들이 더 많이 나와서 지금보다 더 쉽게 아이들을 양육할 수 있게 될 것입니다. 그렇지만 아이들을 부모의 사랑으로 키워야 한다는 것은 예나 지금이나 똑같다고 생각합니다. 영환이가 아침에 일어나서 일과

를 마치고 잠들 때까지 일거수일투족을 지켜보면서 가장 중요시
해야 하는 것은 사랑일 것입니다. 그 점을 항상 염두에 두시기 바
랍니다.

　아침에 학교 갈 때가 되었다고 이불을 벗기면서 일어나라고 단
잠을 깨우면 아이들은 습관적으로 짜증을 낼 것입니다. 매일 아침
성화로 깨우는 수고보다는 알람시계 등을 준비해 두었다가 영환
이가 일어나야 할 시간에 자기가 스스로 맞춰 놓고 알람 소리에 잠
을 깰 수 있도록 하는 것이 더욱 현명한 방법입니다. 자기 스스로
알람시계에 일어나야 할 시간을 정해 놓으면, 알람시계와 중요한
약속을 스스로 한 것 때문에 짜증 내지 않고 결국 알아서 일어나게
될 것입니다.
　학교 갈 때도 바쁘게 서두르다가 도시락이나 수업시간표에 따른
책과 노트 등을 잊어버리는 경우도 허다할 것입니다. 그때마다 건
망증이 심하다고 야단치는 것보다는, 그것들을 일일이 챙겨줌으
로써 고마움을 느끼게 하는 것이 더 효과적입니다.

　영환이가 학교에서 귀가할 시간에는 될 수 있으면 집에 누군가
계셔서 맞이할 준비를 하는 것도 중요합니다. 지쳐서 돌아온 아이
에게 싫증 나는 잔소리 격으로 "공부 잘했니?" "학교에서 뭘 배웠
니?" 등등의 대화보다는 "오늘 학교에서 공부하느라 힘들었지? 피
곤해 보인다." "내가 영환이를 위해서 맛있는 간식 준비했으니 손

발 씻고 먹어라."라고 따뜻하게 대해 주는 것이 훨씬 좋은 방법일 것입니다.

취침시간Bed time이 되어도 더 놀고 싶어 하고, 컴퓨터 게임에 도취하여 취침시간을 놓치게 되는 경우도 종종 있을 것입니다. 그럴 때면 억지로 재우려고 하지 마시고 친절한 대화를 통하여 영환이가 잠자는 시간을 지킬 수 있도록 하세요. 또한, 영환이가 어린이 TV 프로그램을 좋아하여 장시간 TV 프로그램에 빠지는 경우도 있을 것입니다. 그럴 때도 대화를 통하여 주말이라든가 주중의 TV 시청시간을 정하여 시간을 지킬 수 있도록 하고, 어른들도 동시에 TV 시청을 삼가는 것이 좋은 방법일 것입니다.

🟢 영환이의 고민을 풀어주세요

아이들은 누구나 공포감이나 고민거리 한두 가지씩은 갖고 있습니다. 그렇지만 아이들의 고민의 원인이 무엇인지를 잘 알고 있는 부모는 많지 않습니다. 잘못을 저질렀을 때의 공포감도 있을 것이고, 친구로부터 외면당했을 때의 소외감, 성적이 떨어져서 수치심 때문에 불안해하는 고민거리도 있을 것입니다.

제 생각에는 무엇보다도 영환이가 부모의 사랑을 받지 못한 데에서 오는 애정결핍(?)이 가장 큰 문제점으로 나타날 것 같습니다. 그래서 영환이에게는 부모의 빈자리를 메워주는 역할을 해주시는 것이 가장 중요한 일이라고 생각합니다. 자칫하면 영환이가 부모의 사랑이 그리워서 방황하거나 고독한 환상에 빠질 수도 있습니다. 그럴 때는 야단치기보다는 손을 잡고 대화하며 산책을 한다든지, 할머니나 할아버지의 역량이 부족하면 젊은 고모나 주위 친지들로부터 사랑으로 자주 대화할 수 있도록 하여, 고독한 마음이 기쁜 마음으로 변화될 수 있게 해주시는 것이 중요합니다.

"너희 부모님은 살신성인의 정신으로 참으로 위대하시고 훌륭한 일을 하시다가 안타깝게 가신 분들이다. 인간에게는 누구에게나 필연적으로 죽음이라는 것이 있다. 어떤 사람도 죽음을 피할 수는 없는 거란다. 그렇지만 너희 부모는 결코 헛되이 죽지 않고 세상 사람들의 찬사를 받으며 가셨기 때문에 더 좋은 하늘나라에서 편히 계실 것이다."라는 점을 항상 강조하여 주시기 바랍니다. 그래서 영환이의 연약함과 불안감을 희망으로 변화될 수 있게 하셔야 할 것입니다.

영환이가 좋아하는 금붕어나 강아지가 혹시 죽기라도 할 경우 비슷한 금붕어나 강아지를 다른 것으로 보충해 준다면, 영환이는 오히려 사랑과 애착이 변질될 수도 있다고 생각하게 될 것입니다. 그러므로 다른 금붕어나 강아지로 교체해 주는 것보다는 죽은 금붕어나 강아지에 대하여 잃어버린 슬픈 감정을 같이해 주고 아쉬워해 주는 것이, 영환이에게는 더 큰 위로가 될 것이고 박애 정신을 길러주는 계기가 될 것입니다.

어린이는 가족과 함께 가정생활을 해나가는 속에서 기쁨을 얻습니다. 이 때문에 그들에게서 슬픔을 나누는 권리를 박탈하지 말아야 한다는 것은 중요한 사실입니다. 또한, 사실을 사실대로 알려주고 그에 대하여 동정적이고 사랑하는 마음으로 솔직하게 말해 줄 때, 영환이는 오히려 안정감을 얻을 것입니다.

● 과잉보호는 금물입니다

자녀를 과잉보호한다는 것은 근본적으로 간섭하지 않아도 될 사소한 일까지도 일일이 간섭한다는 의미입니다. 귀엽고 사랑스럽다고 하여 아이가 스스로 할 수 있는 일까지도 하나하나 다 챙겨주고 감싸주다 보면, 오히려 아이의 독립심을 저해하는 결과가 될 것입니다.

다른 부모들의 측면에서 볼 때는 문제거리도 아닌 평범한 일임에도 지나치게 과잉보호하게 되면, 이는 마치 자동차 엔진 상태를 점검한답시고 엔진 뚜껑을 열어놓고 운전하는 것과 같습니다.

저는 할머니 할아버지께서 영환이의 건강상태를 수시로 살피고, 음식 섭취량도 일일이 조절하고, 소화상태도 알아보고, 학교에 오가는 것과 잠자는 것까지도 염려하신 것을 보았습니다. 영환이가 일어나다 쓰러지지나 않을까 걱정하고, 영환이가 감기라도 걸려서 열이 나면 큰일이라도 나지 않을까 등등. 이러한 불필요한 염려를 계속하게 되면 오히려 영환이에게 좋지 않은 결과를 초래할 수도 있을 것입니다.

과잉보호 속에서 자라는 아이는 육체적으로 성장하지만, 정신적으로는 자라지 않는 불균형적인 인간밖에는 될 수 없습니다. 말하자면 지나치게 이기주의적인 생활 때문에 영환이는 자신을 성숙하게 할 수가 없다는 것입니다. 그렇게 되면 영환이는 항상 어른들에게 의지하는 갓난아기처럼 될 것입니다. 또한, 자신의 감정과 소원이 무엇인지 알지 못하여 근본적으로 사회적 훈련이 부족할 수밖에 없습니다. 할머니가 항상 영환이를 위하여 지나치게 전심전력을 기울인다면, 자신의 위치를 깨닫지 못하고 자기 주변의 바깥 세계를 살필 줄도 모르게 될 것입니다.

요즘 학교에서 주기적으로 별도의 야외 훈련 프로그램을 편성하여 며칠씩 호된 훈련을 시키는 과정이 있다고 합니다. 이 역시 아이의 독립심을 키워주고 어려운 일을 스스로 헤쳐나갈 수 있는 자립정신을 키워주기 위함입니다.

'사랑의 매'라는 말이 있습니다. 자식을 진정으로 사랑한다면 매로 엄하게 다스려야 훌륭한 사람으로 자랄 수 있다는 뜻입니다. 사랑스럽고 귀엽다고 감싸주기만 하고 잘못에 대하여는 늘 덮어주기만 한다면, 아이가 장래에 독립할 힘을 길러주는 데 결코 도움이 되지 않습니다.

🟢 TV 보는 시간은 하루 1시간 이내로 규칙을 정해주세요

아이들은 텔레비전을 무척 좋아합니다. 학교에 다녀와서 여가를 집 안에서만 보내는 아이들로서는 텔레비전을 하나의 장난감으로 생각하고 TV 시청에 빠져버리는 경우가 있습니다. 하지만 TV는 재미가 있는 만큼 부작용도 적지 않습니다.

작가나 방송국이 주장하는 한 방향 매체이다 보니, 정보를 받아들일 때 아이가 스스로 정보의 옳고 그름을 판단하기가 쉽지 않습니다. 또한, 아이들은 상호작용이 중요한데 텔레비전을 통해서는 상호작용이 이루어지지 않습니다. 게다가 아이들은 다양한 활동을 통해서 교육이 이루어져야 하는데, 텔레비전 앞에만 앉아 있다 보면 아이들 또한 단편적인 정보밖에는 받아들이기 어렵습니다. 이러한 부작용 때문에 사실 많은 전문가가 아이들에게 TV 보는 시간을 최대한 억제시키는 것이 좋다고 말합니다.

요즘 캠페인처럼 거실에 있는 TV를 치우고 서재로 만들고 있는 가정이 점점 늘어나고 있습니다. 하지만 아직도 대부분 가정에서 텔레비전이 집 안의 중심에 자리 잡고 있는 것이 현실입니다. 이제 부모들이 먼저 솔선하여 필요한 프로그램만 보고, 아이들에게도 그 방법으로 유도하는 것이 필요합니다. 그것이 진정한 교육일 것입니다.

우선 TV를 보여줄 때는 하루 시청시간을 정확하게 정해 놓는 것이 좋습니다. 하루에 30분에서 1시간 정도를 정해 주고 그 시간을 지키도록 하는 것입니다. 또한, 영환이에게 좋은 프로그램을 먼저 파악하여 그 프로그램 위주로 시청할 수 있도록 도와주어야 합니다.

요즘 EBS에서 아이를 위한 프로그램이나 어린이 전문방송, 프로그램이 많습니다. 그중에서 아이의 발달과 흥미에 맞는 것을 선택해서 보여주세요. 무엇보다도 중요한 것은 아이의 시청시간을 줄이기 위해 어른들도 텔레비전 시청시간을 줄여야 한다는 점입니다. 어른들은 재미있게 텔레비전을 보면서 아이에게만 시청시간을 제한하는 것은 아이가 받아들이기에 공평하지 않다고 생각하기 때문입니다.

영환이가 TV를 볼 때는 별도의 의자를 준비해서 편히 앉아서 시청할 수 있도록 해주는 것이 좋습니다. 그냥 바닥에 앉아 TV를 보다 보면 아이들은 TV 화면에 흥미를 느껴 자꾸 화면 앞으로 다가가는데, TV 화면을 가까이에서 보게 되면 시력에 좋지 않은 영향을 미치기 때문입니다. TV를 보면서 간식을 먹는 것도 가능하면 삼가는 것이 좋습니다. TV에 시선을 뺏긴 아이는 습관적으로 간식을 많이 먹게 되어, 양을 조절하기가 힘들어지고 그래서 비만의 원인이 되기도 합니다.

마지막으로 영환이를 다양한 방법으로 유도하여 TV 시청에 중독되지 않도록 각별한 관심을 보여주세요.

🟢 신문이나 월간지 보는 습관을 갖도록 하세요

요즘 젊은이들은 대부분 인터넷으로 주요 기사만 읽어 보고, 신문이나 월간지 보는 것을 꺼리는 추세입니다. 그래서 부모들의 걱정 중 하나가 아이들의 생각이 짧다는 것입니다. 어떻게 하면 생각이 깊어지고 논리적 사고를 통해 멋진 글쓰기를 할 수 있을지 생각을 모으기도 합니다. 그러나 쉽사리 그 방법이 잡히지 않는 것이 논술, 바로 글쓰기일 것입니다.

명문대 국문학 교수님이 강의 중에 "제대로 된 논술을 할 수 있는 종합적 사고력을 갖춘 학생이라면 대학교육이 필요치 않다."는 말씀을 한 적이 있습니다. 그만큼 종합적 사고력의 중요성을 피력한 것이겠죠. 아이들에게 사고력의 바탕이 되는 것은 물론 독서입니다. 그러나 독서만으로 비판적 사고나 논리적 사고, 합리적 해결방법 모색, 민주적 시민의식 등 종합적 사고력을 키우기에는 한계가 있습니다. 이때 선택할 수 있는 것이 신문이나 월간지의 사설읽기입니다. 독서와 함께 신문 읽기를 하면 사회 흐름을 인식하고 국제적 감각을 넓힐 수 있습니다. 또한, 큰 줄기의 흐름을 파악해 한 가지 사건을 여러 시각에서 볼 수 있습니다. 더 깊이 들어가 분쟁적 요소에서는 해결방법까지 모색하는 등 여러 가지 활동이 많은 부모가 훌륭한 종합적 사고력의 보고인 셈입니다. 그러나 많은 부모가 이 방법을 알면서도 아이들이 신문을 읽도록 할 수 없다고 말합니다.

그 첫 번째 요소가, 초등학생이 접하기에는 신문내용이 너무 어렵다는 점입니다. 하지만 요즘에는 어린이 신문과 어린이 월간지도 나온다고 하니 구독하여 같이 읽으시고, 신문에 나온 내용으로 함께 대화도 하시면 토론도 잘하는 아이가 될 것 같습니다. 만약 그것이 여의치 않으시면 가공 여부에 따라 얼마든지 활용이 가능합니다.

아이에게 책을 많이 읽어주면 책을 좋아하는 아이가 되듯이, 신문도 많이 읽어주고 어려운 낱말이 있으면 해설도 하여 주고, 늘 신문을 주위에 보이게 늘어놓고 지내다 보면, 어느 날 영환이가 스스로 신문을 집어 들고 읽을 날이 있을 겁니다. 고등학교나 대학에 진학하기 위한 논술시험에서 신문을 자주 읽은 아이와 그렇지 않은 아이의 논술 논리 전개는 판이하게 다르다는 것을 기억하세요. 영환이도 이러한 과정을 거치면 논술에 대처하는 힘이 생길 것이라고 믿습니다.

● 영환이를 훌륭한 사람으로 키우고 싶다면 이렇게 해보세요

참고로 이 글은 어떤 유명한 사회복지사가 자신의 경험을 통하여 현대를 사는 부모가 아이를 키우는 방법을 책으로 쓴 것인데, 그 내용을 요약한 것입니다.

사랑하는 아이에게 영양가 있는 음식을 골라 먹이고 학교와 학원을 빠지지 않고 열심히 보내기만 하면, 훌륭한 인격체로 자랄 수 있을까요?

'학원에 가지 않으면 놀 친구가 없다.'

'아이가 놀고 있으면 왠지 불안하다.'

'100점만 받아오면…….'

이런 생각을 하고 학원으로 학원으로 내모는 어머니. 좀 더 비싼 학원, 좀 더 고액과외를 시켜야 훌륭한 사람이 될 수 있다고 믿고 파출부며 노래방 도우미도 불사하는 어머니는 가장 훌륭한 어머니일까요?

기저귀를 찬 아이에게 영어 과외를 시키고 영어 본토발음을 하기 위해 혀 수술도 불사하는 극성 엄마가 유능한 어머니일까요?

놀 친구가 없어 학원에서 학원으로 개미 쳇바퀴 돌듯이 쫓기며 사는 아이들은 정말 몸도 마음도 건강한 어른으로 성장할 수 있을까요?

사람은 혼자서는 살 수 없는 존재입니다. 아이들에게 가장 소중한 것은 더불어 사는 법을 가르쳐 주는 것입니다. 그러나 학교는 무엇을 가르칩니까? '이겨야 산다. 지면 죽는다.' 이처럼 '성적 지상주의' '승자 독식 주의'가 진리라고 가르치고 있습니다.

무엇이 소중한 것인지, 무엇이 귀한 것인지, 행복이 어떤 것인지, 바르게 산다는 게 무엇인지 등등의 나 자신이 세상에서 가장 귀중한 존재라는 걸 가르쳐 주지 않습니다. 어떤 것이 아름다운 건지, 해야 할 일과 해서는 안 되는 일을 가르치기보다는 100점만 받으면 모든 것이 용서되고, 과정은 무시하고 결과만 좋은 그만이라며 정답만 가르쳐주는 교육은 착한 교육일까요?

대한민국에서 태어났다는 이유만으로 청소년기를 저당 잡히고, 군대보다 더 엄격한 교칙에 묶여 시험문제 풀이로 날밤을 새우는 아이들. 학원과 학교를 쳇바퀴 돌듯 오가며 친구가 뭔지 자연의 소중함이 뭔지 모르고, 오직 이겨야 산다는 삭막한 경쟁의식 속에 살아가고 있습니다.

자식이 지금 이대로 교육받고 자라면 정말 건강한 몸과 마음을 가진 행복한 삶을 살아갈 수 있을까요?

부모가 원하는 훌륭한 사람이 될 수 있을까요?

눈에 넣어도 아프지 않을 내 아이가 경쟁 때문에 정작 가장 중요한 사람답게 살아갈 수 있는 행복한 사람이 될 기회를 놓치고 있는 것은 아닐까요?

오늘은 우리가 무척이나 잘 알고 있는 상식적인 이야기, 사랑 때문에 보이지 않는 이야기를 한번 짚어보기로 합시다. 우리 아이들을 어떻게 키워야 할까요?

그럼 훌륭한 사람으로 키우는 방법을 제시해 보겠습니다.

첫째, 나 자신이 이 세상에서 가장 소중한 존재라는 것부터 가르쳐야 합니다.

성적이 나쁘다고 자살하는 아이들이 있습니다. 얼굴이 못생겼다거나 가난하다는 이유로 혹은 친구들에게 왕따를 당한다고 자살을 하는 청소년들이 있습니다.

청소년들의 자살률이 높아지자 뒤늦게 '자아 존중감'을 길러야 한다고 시범학교나 연구학교를 만들어 쇼(?)를 하고 있습니다. 자아 존중감은 시범학교나 연구학교로 기르는 게 아니라, 자신이 세상에서 가장 소중하다는 생각이 학교의 교육과정 전체에 녹아들어 가 있어야 합니다.

자신을 사랑할 줄 모르는 아이가 어떻게 내 부모나 이웃을 사랑할 수 있겠습니까? 내가 소중하다는 것을 아는 사람만이 이웃을 사랑할 줄 알고, 내 민족과 우리 문화를 아끼고 사랑할 줄 아는 아름다운 사람이 될 수 있는 것입니다.

둘째, 사람을 사랑할 줄 아는 마음을 가르쳐야 합니다.

인간은 사회적인 존재라고 했습니다. 혼자서는 살아갈 수 없다는 뜻이지요. 그런데 우리가 사는 세상은 어떤가요? 돈이 사람보다 자산이 사람보다 소중하다는 풍토가 만연해 있습니다. 학교를 비롯해 그 어디에서도 사람이 세상에서 가장 소중한 존재라는 걸 가르쳐 주지 않습니다. 학교에서는 경쟁에서 이기는 것이 선善이요, 승자가 됩니다. 내가 승자가 되기 위해 소중한 친구에게 노트조차 빌려주지 않는 삭막한 마음으로 바뀌고 있습니다.

선의의 경쟁이 나쁘다는 얘기가 아닙니다. 내가 소중하다는 것을 알면 남도 소중하다는 것을 알게 됩니다. 나와 너, 우리가 소중한 존재라는 것. 인간존중의 가치관을 갖도록 가르쳐야 한다는 뜻이지요.

교육의 근본인 인간에 대한 예의, 더불어 사는 지혜, 서로 사랑하는 마음을 갖도록 가르쳐야 합니다. 그것을 '인간의 존엄성'이라고 하지요. 말로는 '인간의 존엄성'을 말하면서 친구나 이웃을 사랑하고 배려하는 교육은 그 어디에서도 찾아볼 수 없습니다.

셋째, 지식 위주의 교육만이 교육이 아닙니다.

놀이를 빼앗긴 아이들. 머리는 있는데 가슴이 없는 아이들이 늘어나고 있습니다. 놀이문화를 빼앗기고 학원에서 학원으로 전전하는 아이들은 자라서 어떤 인간이 될까요? 실천이 없어 말만 하는 사람을 '입만 살아 있다'고 하지요. 유치원에서부터 초·중·고등학교 시절, 아이들의 머릿속에는 실천과 연결되지 않는 관념적인 지식으로 채워지고 있습니다.

예를 들어 약속이란 무엇인가? '다른 사람과 앞으로의 일을 어떻게 할 것인가를 미리 정하여 둠. 또는 그렇게 정한 내용' 이렇게 사전에 나온 내용을 외워서 알긴 하는데 약속을 어기는 사람들이 많은 이유가 무엇일까요?

친구와 "오늘 오후 몇 시 어디에서 만나 기마전 놀이를 하자."
는 약속을 하고, 실제로 어기지 않도록 하고, 놀이를 하면서 규칙
을 지키고, 상대방에 대해 배려하고 질서를 지키고 인내하고 하
는 과정에서 소중한 삶을 경험하게 됩니다. 놀이문화를 빼앗기
고 학원에서 학교로 학교에서 학원으로 개미 쳇바퀴 돌 듯 살아
가는 아이들은 그런 귀한 경험을 하지 못하고 자라고 있습니다.
아이가 놀면 불안한 어머니…….

놀이는 살아 있는 공부입니다. 모르는 것은 배우면 되지만, 그
만그만한 나이에 경험을 통해 배울 수 있는 소중한 체험은 나이
가 들어서는 배우기 어렵습니다.

넷째, 자연과 더불어 살아가야 한다는 것을 가르쳐야 합니다.

우리는 지난여름, 어마어마한 폭우와 태풍이 얼마나 무서운가
를 너무나 아픈 경험을 통해 배웠습니다. 인간이 만들어 놓은 문
화가 얼마나 보잘것없는가, 또 자연의 위력이 얼마나 대단한가
를 실감했습니다. 사람은 초자연적인 존재가 아닌 자연의 일원
입니다. 자연에서 태어나 자연으로 돌아갑니다. 그런데 어릴 때
부터 풀이 어떻게 자라고 꽃은 어떻게 피는지, 내가 먹는 음식이
어디서 온 것인지 알지 못하고 자랍니다.

시멘트로 지은 집에다 시멘트 길을 밟으며 손에 흙을 묻히지

않고 자랍니다. 생명의 근원인 태양이 얼마나 소중한지, 농부나 어부들의 땀방울의 가치를 모르고 자라고 있습니다. 나의 생명의 근원이 돈이 아니라 수고한 이웃이 흘린 땀의 대가라는 것 모르고 자라고 있다는 말입니다. 수량화된 지식, 칼로리를 따지고 영양가를 따지고 그런 개량화된 지식으로 세상을 보고 그런 안목으로 살아가도록 강요받고 있는 것입니다.

자연은 정복의 대상이 아닙니다. 더불어 살아야 할 공존의 대상입니다. 자연을 훼손하면 보복을 당합니다. 극지방의 얼음이 녹고 바다 온도가 높아지는 엘리뇨 현상, 라니뇨 현상이니 하는 기상이변으로 인류의 미래가 위기를 맞고 있습니다. 서양에서 들어온 지식, 서구의 자연관은 정복주의 세계관입니다. 자연은 인간을 위해 존재한다는 참으로 위험하기 짝이 없는 오만한 사고방식이 지구를 위기로 몰아가고 있습니다.

우리 조상은 자연과 공존하는 세상에 살아왔습니다. 자연의 소중함을 가르치고 자연과 더불어 살아갈 수 있도록 가르쳐야 합니다. 자식을 진심으로 사랑하는 부모라면 오늘날 학교 교육이 병든 교육이라는 것을 하루빨리 깨달아야 합니다. 학교 교육을 거부하자는 말이 아닙니다.

'학교에서 어련히 알아서 해주겠지!' 하지 마십시오. 교육을 상품이라고 선언한 지 오랩니다. 상품이란 수요자가 좋은 상품을 이상과 같이 사회복지사인 저자가 주장한 훌륭한 사람으로 키우기 위한 전제 조건을 제시했고, 이제부터는 제 의견을 제시하겠습니다.

지식을 쌓는 것도 중요하지만 먼저 예절을 가르치세요. 흔히 예절이라고 하면 어려운 것이라는 생각이 들면서 한복을 입고 다소곳이 손을 모으고 존칭어를 써야 한다는 느낌이 드는데, 본래 예절이란 스스로 높이고 남을 배려하는 마음이 바탕이 되면 됩니다.

요즘 입시 위주의 교육제도와 성과 위주의 직장문화 속에서 점점 이기적이고 각박해져 가는 사회 속에서도 예절문화는 꼭 필요한 조건입니다. 예절은 지켜야 할 귀찮은 규칙이 아니라 사랑을 주고받는 방법입니다. 스스로 자존감을 느끼고 함께 살아가는 사랑받는 방법인 것입니다. 예절교육은 어쩌면 어른이 자녀에게 줄 수 있는 가장 중요한 선물일 수도 있습니다.

사랑하는 내 아들
영환에게
(고인의 유언 예시)

내가 지금부터 쓰는 글은 '만약에 내가 너희 부모였다면 이런 유언을 남겼을 것'이라고 가정하여 기록한 것이니, 먼 훗날 네가 장성하면 너의 서재에서 가장 잘 보이는 곳에 이 책을 꽂아 놓고 틈이 날 때마다 읽어서 마음의 양식이 되도록 하여라.

- 사랑하는 내 아들 영환아 -

인간은 이 세상을 살다가 언젠가는 죽음이란 걸 맞이하게 된단다. 그것도 부지불식간에 찾아오는 거란다. 나와 네 엄마는 젊은 나이에 죽음이란 걸 맞이하였다. 빙판길 도로에서 차에 갇혀 목이 메도록 간절히 도움을 요청하는 모습을 보고 그냥 외면할 수가 없어서 생면부지의 인명을 구조하였지만, 뒤따라오던 승용차를 피하지 못하고 너의 엄마와 나는 세 살짜리 너를 길 밖으로 던져서 살게 하고 우리는 죽음을 맞게 되었다. 그러나 우리 덕분에 귀중한 다른 한 사람의 목숨을 구했으니 우리는 후회하지 않는다.

다만 핏덩이인 사랑하는 영환이 너를 장성시켜서 큰 사람으로 만들어야 할 책임이 있는 부모로서, 그 책임을 다하지 못하고 돌아올 수 없는 길을 떠나가게 되어서 죄책감이 무겁게 내 가슴을 짓누르는구나.

인생은 원래 모습이 없는 데서 태어나, 형태와 모습을 가지고 살다가, 돌아갈 때는 다시 모습이 없는 데로 돌아가는 것이다. 비록 짧은 기간이었지만 참으로 아름답고 재미있는 세상 구경 잘하고 간다. 출발은 내 의지가 아니었지만 그래도 의미 있는 한평생이었다고 생각한다.

우리 부부는 사는 동안 크게 성공하지는 못했지만, 부족하면 부족한 대로 우직하고 나름대로 겸손하며 정직하게 살려고 매 순간순간을 열심히, 그리고 정말 최선을 다해 살았다고 자부한다. 무엇보다 훌륭하신 너의 엄마를 만나서 짧은 순간을 행복하게 살았고, 항상 내 곁에서 궂은일이 있을 때마다 그림자 역할을 하여준 네 엄마에게 많은 고마움을 느낀다.

마지막 죽음의 순간에서 그 큰일을 할 수 있었던 것도 너의 엄마와 한마음이 아니었으면 상상할 수 없는 일이었다고 생각한다. 그러니 너의 엄마를 만난 것은 내 생애 최고의 행운이었다고 생각한다. 이제 세상 살면서 못다 한 고뇌는 다 털어버리고 네 엄마와 영생의 하늘나라 길목에서 사랑을 나누며 행복을 누리고 있으니 염려하지 마라.

사랑하는 아들 영환아!

내가 너무 일찍 네 곁을 떠난 관계로 너를 당당한 사회인으로 성장시키지 못했지만, 세상 모든 사람은 너의 부모가 누구라는 것은 잘 알고 있기 때문에 혹여 이탈된 생활을 하지 않기 위해서 살면서 명심해야 할 몇 가지를 지금부터 당부할 테니, 틈나는 대로 그것을 상기하면서 살도록 하여라.

우선 할아버지 할머니께서 슬프지 않도록 재롱둥이가 되도록 하여라.

할아버지 할머니께서는 한꺼번에 두 자식을 잃어버린 충격 때문에 길지 않은 여생이 결코 행복하지가 않은 인고忍苦의 나날이 될 것이다. 그러나 사랑하는 내 아들이 할아버지 할머니께 버팀목이 되어 드린다면, 그분들은 너로 하여금 슬픈 순간순간을 잠재우려고 애쓰시면서 살아갈 희망을 찾으실 것이다. 내가 그 사고의 순간에 너를 길 밖으로 던져 살려두고 간 것은, 아마 너에게 이런 막중한 사명을 감당하라는 뜻이 내포되어 있었나 보다. 부디 내가 못다 한 효도를 네가 감당해 주었으면 하는 바람이다. 그리고 뚜렷한 목표를 가지고 그 목표를 달성하기 위하여 치열하게 살기를 바란다.

세상사가 '적자생존^{適者生存}'의 냉정한 원리대로 돌아가는 것을 어쩔 수 없기에 낙오되지 않고 살아남으려면 필사적인 노력 없이는 목표하는 바가 이루어지지 않는다는 것을 늘 명심하여라. 그러나 헛된 욕망보다는 자기 자신에게 충실한 것이 오히려 득이 된단다. 물론 돈이나 지위도 중요하지만 그런 것들이 죽을 때가 되면 다 부질없게 된다는 것은 네가 살다 보면 저절로 알게 될 것이다.

사람은 죽어서 향기를 남긴다는 말이 있다. 가능하다면 좋은 향기를 남기기 바란다.

사과가 사과나무에 매달려 있으면 향기가 나지 않고 사과나무에서 따서 칼로 깎을 때 비로소 진한 향기가 코끝에 스며드는 것처럼, 밭에 심어놓은 고추도 매운 냄새를 풍기지 않지만, 김치를 담았을 때 마침내 매운맛을 내는 것처럼, 사람도 죽음을 목전에 두면 향기와 냄새를 남긴다는 사실을 어느 날 알게 될 것이다. 그러면 그 아름다운 향기는 과연 무엇일까를 생각해 보렴. 아름다운 향기는 바로 따뜻한 가슴으로 남을 사랑할 줄 아는 사람, 이웃의 어려움에 연민을 가질 줄 아는 사람이다. 영환이가 그런 사람이 되었으면 한다.

성경 말씀에 "내가 너를 사랑한 것같이 너희도 사랑하라."라는 말씀이 있다. 영어로 표기하면 "I have loved you, So you must love one anther."라는 말이다.

여기서 중요한 것은 'must'이다. 영어로 Must는 명령어이다. 사랑은 안 해도 되고 적당히 해도 되는 것이 아니라, 반드시 해야 하는 하나님의 명령이다. 그러므로 남을 사랑으로 감싸주는 일에 온 힘을 다했으면 한다.

　사랑하는 아들 영환아!

　네가 장성하여 결혼 적령기가 되면 배우자를 찾게 될 것이다. 반드시 좋은 여자를 만나기 바란다. 너의 엄마와 같은 천사를 만났으면 좋겠다. 그래서 진심으로 사랑하고 진심으로 아껴주는 여자를 만나서 후회 없는 결혼생활을 하기를 간절히 바란다. 가능하다면 건강한 체구와 진정한 믿음의 신앙을 가졌으면 좋겠고, 사려 깊고 현명하며, 인격이 갖춰진 모범적인 가정에서 자란 규수였으면 더욱 좋겠구나. 그리고 꼭 베푸는 삶을 살도록 하여라.

　어떤 시인이 쓴 「베푸는 인생」이란 시가 기억이 나서 적어 본다.

없어도 행복한 사람

있어도 불행한 사람

나이가 젊어도 불행한 사람

나이가 들어도 행복한 사람

항상 베풂을 즐거움으로 사는 사람

항상 도움만으로 즐거움을 찾는 사람

삶의 기준은 서로가 다를진대 가는 세월은 누구도 거역할 수 없는 길

마음 비우고 베풀며 사십시오.

우리 인생 모태에서 태어날 때 빈손으로 왔다가 빈손으로 가는 몸
움켜쥔들 무슨 소용 있으리오.
서로 돕고 사랑하는 아름다운 삶이 되십시오.
나눔은 자연의 섭리이며 인간에게 주어진 가장 소중한 사명이라오.

자전거 이야기를 하나 들려주겠다. 자전거를 좋아하는 한 젊은
사람이 길거리에서 자신이 아끼는 자전거를 열심히 닦고 있었다.
그런데 어떤 중학생이 지나가면서 "자전거가 정말 멋지네요. 비싸
게 주고 사셨나 봐요?"라고 물었다. 그 사람 대답은 "아니야, 이건
내가 산 게 아니야. 우리 형님이 선물로 주셨지."라고 대답했다. 중
학생은 매우 부러운 눈빛으로 "나도……." 하면서 잠깐 말을 잊지
못했다.

자전거를 닦던 젊은이는 중학생이 "나도 그런 형님이 있었으면
얼마나 좋을까?"라는 말을 하리라 생각했다. 그런데 그 중학생이
한 말은 너무도 의외였다.

"나도 그런 형님이 되고 싶습니다. 그래서 내 동생에게 이런 좋은
자전거를 사주고 싶습니다."라고 한 것이다. 그 중학생은 목표부터
가 달랐다. 베풀 줄 아는 형을 모델로 삼은 것이다. 그렇다. 너도 항
상 늘 베풀며 살아가는 형님의 모습을 꿈꾸며 살았으면 좋겠다.

너 자신을 많이 사랑해라. 탈무드의 말을 인용해 본다. "세상에
는 강한 것이 열둘이 있다. 돌은 쇠에 의해서 깎인다. 쇠는 불에 녹

아 버린다. 불은 물에 꺼져 버린다. 물은 구름 속으로 흡수된다. 그 구름은 바람에 불려 날린다. 그러나 바람도 인간을 날려 보내지 못한다. 술은 잠에 의해 제거된다. 그 잠도 죽음만큼은 강하지 못하다. 그러나 죽음마저도 사랑에는 이길 수 없다. 세상에서 제일 강한 것은 사랑이다."

사랑이야말로 모든 고통과 괴로움을 이기는 인간의 가장 고귀한 능력이다. 사랑은 많은 인간의 악조건을 이기게 하는 가장 힘 있는 정신이다. 그렇지만 인간이 모든 사람, 모든 환경, 조건 등에 동시에 동일한 사랑을 줄 수는 없다. 그것은 성인이 아니고서는 할 수가 없다. 그렇지만 적어도 자기 주위에 한정된 인물, 환경, 조건 등에는 얼마든지 사랑을 베풀 수가 있단다. 자기 주위의 사물을 사랑한다는 것은 참으로 자랑스러운 일이다. 곧 자기 자신에 대한 깊은 사랑과도 일맥상통하는 일이고, 자기 자신에 대한 사랑은 아무리 강조되어도 지나침이 없다.

자신의 곤란이나 역경을 사랑하고, 그런 곤경에 빠진 자신마저 높이 평가한다는 것은, 다른 사람이나 환경을 사랑하는 것보다 훨씬 어려운 일이다. 만일 네가 가장 어려운 환경에서 짓눌리고 있다면 그것까지도 사랑으로 대하도록 하여라. 어려움이 닥쳤을 때에도 그것까지도 나 자신의 문제라 여기고 순순히 받아들이고, 그것에 사랑을 부여하면 일의 실마리가 쉽게 풀릴 수 있을 것이다.

자기 자신에 대한 사랑이 장래를 결정한다. 사랑만이 자신의 위치를 더욱 높여주며 어떤 어려움도 해결해 준다. 무엇보다도 우선 너 자신을 사랑하여라. 자기 자신이 처한 환경에도 사랑을 갖고, 닥쳐올 곤경을 사랑으로 다스려라. 굳이 성공의 비결이 있다고 한다면 이것이 성공의 첫걸음이라고 할 것이다. 성공한 사람들의 공통점을 보면 그들은 모두 자기 자신을 사랑한 사람들이다.

사랑은 곧 자신에 대한 긍정이고 또한 자기 창조이며 시련에 대한 강한 극복의 의지를 내보이는 자세이다. 그러므로 수많은 사랑의 형태 가운데서도 자신을 사랑하는 일은 가장 으뜸가는 사랑이라 할 수 있다. 너 자신을 사랑하라. 그것은 곧 너로 하여금 성공으로 이르게 하는 디딤돌이 되어줄 것이다.

사랑하는 아들 영환아!

최고의 인생을 만들기 위해서는 겉절이 인생이 아닌 김장김치 같은 인생을 살아라.

김치가 맛을 제대로 내려면 배추가 다섯 번 죽어야 한다고 한다. 배추가 땅에서 뽑힐 때 한 번 죽고, 통배추의 배가 갈라지면서 또 한 번 죽고, 소금에 절여지면서 또다시 죽고, 매운 고춧가루와 짠 젓갈에 범벅이 되어 또 죽고, 마지막으로 김장독에 담겨 김치냉장고에 넣어질 때 죽어야, 비로소 맛있는 김치 맛을 낸다고 하더구나.

세상 살면서 이기는 것보다 져주는 인생을 살아야 된다는 뜻이다. 그러기 위해서는 가능하면 성질을 죽이고, 고집을 죽이고, 편견을 죽이면서 살아라.

살면서 남에게 인상파로 살기보다는 스마일 맨으로 살아라. 잘생긴 사람은 가만히 있어도 잘나 보인다. 그러나 못생긴 사람은 가만히 있는 것만으로도 인상파로 보이기에 십상이다. 너는 '살아 있는 미소'로 누군가에게 기쁨을 전하는 메신저가 되었으면 한다. "표정도 마음도 어둠에 갇힌다."라는 말이 있듯이 네 마음의 지옥을 드리우지 말고 살았으면 좋겠다. 네가 네게 가장 많이 미소 지어주는 그런 사람이 되어라.

또한, 정상을 향해 열심히 도전하는 내 아들이 되었으면 좋겠다.
세계 최고봉인 에베레스트 산을 정복한 영국의 '힐러리'라는 사람은 "산이 있기 때문에 그곳에 간다."라는 유명한 말을 남겼다. 산에 정상이 있는 것처럼 어떤 분야에서나 정상이 있단다. 사람은 누구나 정상에 오르고 싶어 한다. 그러나 정상에 오르는 것은 단지 정상에 오르고 싶다는 생각만으로 되는 것은 아니다. 정상에 오르기까지는 무수한 난관이 도사리고 있으며, 반드시 정상에 도달한다는 보장도 없다. 그래도 사람들은 끊임없이 정상에 도전장을 던진다. 비록 헛된 꿈으로 끝날지라도 자신은 정상의 주인공이 될 수 있다는 확신을 품고 말이다.
비록 실패한다 해도 올라가 보지도 못하고 지레 포기하는 것보다 실패를 감수하고서라도 정상에 오르는 시도를 하는 편이 좋을 것이다. 그리고 그 정상을 지키기 위해서는 긴장을 절대 풀어서는 안 된다. 일단 정상에 오르면 큰일을 해냈다는 자기만족으로 자칫

해이해져서 정상을 노리는 다른 도전자에게 뺏길 수 있다는 사실을 절대 망각해서도 안 된다. 정상을 지키기 위해서는 정상에 오르기 위해 기울인 노력의 몇 배를 쏟아야 할 것이다.

나는 내 아들이 지금까지 내가 한 말에 대하여 나의 마음을 충분히 이해하고, 성공할 수 있으리라 확실히 믿는다. 더 하고 싶은 말이 많지만 내 아들이 가치 있는 삶을 위해 최선을 다할 것을 믿고 소망하며, 영원한 하늘나라를 지키면서 편히 쉬겠다.

고맙다. 내 아들아! 그리고 진심으로 사랑한다. 내 아들 영환아!

자녀를 양육하시는 부모님께

🟢 어린이의 특성

사람들은 생활이 향상되면서 정서적인 생활에 치중하게 됨을 봅니다. 그래서 집집이 좋은 화분이나 꽃을 기릅니다. 또 꽃가게를 찾아가서 예쁜 꽃을 사서 존경하는 사람들이나 사랑하는 사람들에게 전하기도 합니다. 꽃을 싫어하는 사람은 없을 것입니다. 동서양을 막론하고 모두 꽃을 좋아합니다. 그런데 꽃처럼 아름다운 것이 또 있습니다. 어린이들입니다.

미국 매사추세츠 주에 사는 로엘시라는 목사님은 '사론의 장미꽃'이란 간판을 내걸고, 강단을 온통 꽃으로 장식하고는 자기 교회 어린이들을 위한 특별 예배를 드렸습니다. 여기서부터 꽃 주일이 유래되었다고 합니다.

왜 어린이들을 꽃이라고 할까요? 꽃처럼 아름답기 때문입니다. 그리고 내일을 위한 좋은 열매로 자라기 때문이지요. 그런데 이처럼 아름답고 예쁜 꽃들인 어린아이들이 어른들에 의해 무시되고 짓밟히는 경우가 많습니다.

구약시대에는 부녀자들과 어린이들은 별로 대우하지 않았습니다. 그래서 홍해를 건널 때 사람 수를 장정만 60만 명이라고 했습니다. 이는 어린이를 가볍게 보는 풍조에서 비롯된 것입니다. 예수님이 계신 당시에도 그런 사상이 저변에 깔려 있었습니다. 그래서 벳세다 광야의 오병이어 기적을 설명하면서도 복음서에는 한결같이 부녀자들과 어린아이들의 수를 기록하지 않았습니다. 이것이 일반적인 사람들의 관습이었습니다. 예수님은 이런 전통적인 사상과 관습을 완전히 변화시키신 분이시기에 "어린아이가 내게 오는 것을 용납하고 금하지 말라."고 하셨습니다. 그래서 예수님 이후부터는 아동관이 바뀌었고, 아동들의 지위가 높아졌고, 관심이 향상되었습니다.

어린이들은 쓸쓸한 사막과 같은 세상에 소망과 기쁨을 가져다주는 아름다운 꽃입니다. 오늘 우리는 꽃처럼 아름답고 귀여운 어린이들을 통해서 주시는 교훈을 듣고자 합니다.

모든 어린이는 순진합니다. 어린아이들의 매력은 순진한 데 있습니다. 대부분 어린아이들은 순진합니다. 흔히 부모들이 말하는 '나쁜 아이'가 될 때도 분명히 있습니다. 그러나 그것을 뛰어넘어서, 또는 그 깊숙한 속에 아직은 더럽혀지지 않은 깨끗함이 있습니다. 그것은 우리가 잃어버린 것입니다. 우리는 그것이 잊히지 않아서 언제나 그것에 대해 동경하고 있습니다. 다 자라더라도 계속하여 어린아이의 선량함과 사랑스러움을 유지하기 위해서는, 그리스도의 은총에 힘입을 수밖에는 없습니다.

어린아이들은 순진한 점이 매력입니다. 어른들처럼 복선을 깔고 연막을 치는 일이 없습니다. 무엇이든지 사실대로 적나라하게 표현합니다. 그리고 그대로 행동합니다. 본 대로, 들은 대로, 꾸밀 줄을 모르는 참모습을 볼 수 있습니다. 천국에서의 생활이 바로 그런 것입니다.

어린이는 신뢰심이 있습니다. 어린아이는 의심할 줄을 모릅니다. 본능에 따라 사람을 믿습니다. 세계에는 친구들이 가득 있다고 믿습니다. 그리고 신뢰는 신뢰를 낳습니다. 마치 의혹이 의혹을 낳듯이 말입니다. 어린이들은 자기 부모님을 100% 믿습니다. 가능성 여부를 타진하지 않고 말씀대로 믿습니다. 혹 거짓말이라 할지라도 전적으로 믿습니다.

이에 비해 어른들은 자신들의 의식과 경험을 의존합니다. 하나님의 말씀에 대해서도 믿음보다 계산을 앞세웁니다. 그런 의미에서 어린아이들이 주는 교훈은 실로 큽니다. 베드로전서 2장 2절에서 "갓난아이들같이 순전하고 신령한 젖을 사모하라. 이는 이로 말미암아 너희로 구원에 이르도록 자라게 하려 함이라."고 했는데,

어린아이들은 젖만을 사모합니다. 젖이 아니면 자랄 수 없습니다. 사모하는 자가 하늘의 축복을 받을 수 있는데 어른들의 세계에서 보면 썩어질 물질에만 의존하지 않습니다.

어린이는 부단히 움직입니다. 그러기에 어린애들은 무럭무럭 자라납니다. 그래야 부모님에게 기쁨이 되는 것입니다. 만약에 자라지 못한다면 그것은 병이 들어 있다는 증거입니다. 그러므로 사람들은 어린아이들처럼 계속 자라며 변화를 가져와야 합니다. 우리의 목표는 '그에게까지 자라는 것'입니다. 주님의 나라에 갈 때까지 자라야 합니다. 천국은 늘 주님을 찬양하며 경배하는 생동하는 세계이기 때문입니다.

어린이는 모방심이 강합니다. 어린아이들은 신기한 물건을 보면 그것을 만들고 싶어 합니다. 그리고 어른들을 쉽게 모방합니다. 더욱이 예수님을 따르려는 심정이 어린아이들에게는 넘치고 있습니다. 사도 바울은 "내가 예수를 본받은 것같이 너희도 나를 본받는 자가 되라."고 했습니다. 그러므로 모든 그리스도인은 예수를 닮아가야 합니다. 천국은 예수를 모시고 사는 곳이기 때문에 예수를 닮지 않으면 어려운 것입니다.

어린이는 감사하는 마음이 있습니다. 사람들은 나이가 들어감에 따라 무엇이든 당연한 것처럼 보게 됩니다. 그러나 어린아이는 자신에게 집중되는 관심에 고맙고 감사하게 생각합니다.

호텔이나 음식점의 종업원은 모처럼 흠잡을 데 없는 시중을 들더라도 손님 쪽에서 "고맙다!"라고도 하지 않고, 감사하는 마음을 얼굴빛에도 나타내지 않고, 그뿐만 아니라 거만한 태도로 잔소리하는 단계에 이르면, 시중드는 일이 바보짓처럼 보이게 될 것입니다. 이와는 반대로 감사하는 마음을 태도로 분명하게 나타내는 어린아이들에게는 결국 마음이 끌리게 됩니다.

🟢 어린이에게 합당한 대접

죄에 물들지 않은 어린이의 세계는 확실히 타락 전의 에덴의 세계와 같습니다. 어린이들은 하나님께서 우리에게 상급으로 주신 기업이고 하나님의 위탁이십니다. 그러므로 어린아이들을 내 자식으로 생각하지 말고 하나님의 자녀로 생각하고 그렇게 대접해야 합니다. 하나님의 자녀가 범죄를 저지르지 않도록 특별한 관심을 두고 길러야 할 것입니다.

어린아이들은 앞으로 우리나라와 사회를 짊어지고 나아갈 제2의 주인공들입니다. 그러므로 우리는 어린아이들을 주인공으로 대접해야 합니다. 양 치던 목동 다윗이 성장한 후에는 이스라엘의 역사를 짊어진 성군이 되었음을 잊어선 안 됩니다. 가난과 굶주림에 시달리면서 뱃사공, 노동 일, 품팔이 생활을 하던 어린 링컨이 성장해서 미국의 역사를 책임진 제16대 대통령이 되었음을 우리는 기억해야 합니다.

어린아이들은 우리의 국운을 짊어질 주인공들입니다. 그들에게 소망이 없다면 우리 역시 소망이 없습니다. 그들에게 소망이 있다면 우리의 미래도 역시 소망 적일 것입니다. 그러므로 어린아이들을 무시하지 말고 앞으로 미래의 주인으로 대접해야 합니다.

"누구든지 하나님의 나라를 어린아이와 같이 받들지 않는 자는 결단코 들어가지 못하리라."고 했습니다. 기성세대는 어린아이들을 보호해 주어야 합니다. 어린아이는 자신의 신변을 위해 절대적인 보호를 요구합니다. 부모나 보호자가 있는 아이와 보호를 받지 못하는 아이와는 생각과 생활의 리듬이 다릅니다.

어린아이들은 어른들이 이해할 수 없는 이야기를 하거나 어른들이 상상할 수 없는 세계를 동경하며 꿈을 키워갑니다. 아이들은 동화와 같은 이야기를 하면서 그 동화와 같은 세계를 이루어 가는 것입니다. 즉 성도는 세상 사람들이 이해 못 하는 천국을 향해 순례자의 길을 걷는 사람이 되어야 합니다. 아울러 어린아이는 유혹을 받기 쉽습니다. 이것은 아이의 의지가 불완전하다는 것을 말하고 있습니다.

우리는 하나님 앞에 언제든지 죄를 지을 수밖에 없는 인간임을 잊지 말고, 늘 자신을 조심하고 회개를 게을리하지 말아야 합니다.

어린이에 대한 어른의 의무는 1988년 제66회 어린이날을 기하여 새로 개정하여 공포한 〈어린이 헌장〉에 보면 잘 나타나 있습니다.

제2의 어린이 헌장을 보면 '모든 어린이가 차별 없이 인간으로서의 존엄을 지니고, 겨레의 앞날을 이어나갈 새 사람으로 존중되며, 바르고 아름답고 씩씩하게 자라도록 함'을 지표로 삼고 있습니다.

① 어린이는 건전하게 태어나 따뜻한 가정에서 사랑 속에 자라야 한다.

② 어린이는 고른 영양을 섭취하고 질병의 예방과 치료를 받으며, 맑고 깨끗한 환경에서 살아야 한다.

③ 어린이는 좋은 교육 시설에서 개인의 능력과 소질에 따라 교육을 받아야 한다.

④ 어린이는 빛나는 우리 문화를 이어받아, 새롭게 창조하고 널리 펴나가는 힘을 길러야 한다.

⑤ 어린이는 즐겁고 유익한 놀이와 오락을 위한 시설과 공간을 제공받아야 한다.

⑥ 어린이는 예절과 질서를 지키며 한겨레로서 서로 돕고 자신을 스스로 이기며, 책임을 다하는 민주시민으로 자라야 한다.

⑦ 어린이는 자연과 예술을 사랑하고 과학을 탐구하는 마음과

어린이들은 이런 권리를 갖고 있으며 어른들은 이렇게 기를 의무가 있습니다.

그보다 중요한 것은 어린이에게 일찍부터 성경을 가르치고 믿음으로 자라게 하며 주님께 헌신하도록 길러야 할 것입니다.

1953년 미국에는 '제니'라는 소녀가 살았습니다. 제니는 부유한 가정에서 태어나 부족할 것이 없는데도 이상하게 어릴 때부터 도벽이 심했습니다.

제니는 5세 때부터 벌써 남의 물건을 가져오기 시작했습니다. 제니의 부모는 걱정스러웠습니다. 타이르기도 하고 벌도 주고, 때로는 매도 때렸고 감금도 시켰습니다. 급기야는 교정 학교에도 보내 보았습니다. 그런데도 도저히 구제 불능이었습니다. 그러다가 미국 뉴올리언스에 있는 '선한 사마리아의 집'에 들어갔습니다. 이 '선한 사마리아의 집'은 감옥을 자주 출입하는 불우 여성들을 돕기 위한 시설입니다. 거기에는 알코올 중독자, 매춘부, 아편 중독자, 가출 소년소녀 등 세상에서 죄로 시달리는 사람들이 많이 모여 있는 곳이었습니다. 그들이 그리스도의 사랑으로 갱생의 길을 걷게 하는 곳으로 사랑이 넘치는 곳이었습니다. 제니는 이곳에 수용되어 지냈습니다.

원장 조이스 키미카엘 여사는 제니를 사랑으로 돌보며 그녀를 중고 옷가게의 금전출납계를 시켰습니다. 그토록 도벽이 심한 제니가 많은 돈을 관리하게 되었습니다. 그런데 제니는 돈을 한 푼도 훔치지 않았습니다. 그녀는 여러 번 눈물을 흘리며 "원장님, 저를 정말 신용하시는 거군요!"라고 말했습니다.

아무리 버려진 아이라도 사랑으로 기르면 좋은 결과가 있는 것입니다. 어린이에게는 오직 사랑뿐입니다. 이처럼 어린아이들을 사랑으로 기른다면 훌륭한 아이들로 자랄 수 있을 것입니다.

우리 아이들의 삶은 항상 자유롭고 행복해야 합니다. 그러기 위해서 부모들은 사랑하는 우리 아이들이 이런 삶을 살 수 있도록 도와주는 역할이 중요합니다. 요즘 청소년들의 주위에는 각종 폭력 등 아이들의 자유롭고 행복한 삶을 방해하는 요소들이 너무 많이 있습니다. 부모들이 자녀교육에 대한 가치관을 확립해야만 그런 방해요소들로부터 우리 어린이들을 보호해 줄 수 있을 것입니다. 그래서 정부에서 제정하여 공포한 어린이 헌장처럼 좋은 부모의 헌장도 필요한 것 같아서 나름대로 생각한 부모의 헌장을 제시해 보았습니다.

좋은 부모 헌장

① 좋은 부모는 아이들에게 사랑받고 있다는 확신을 갖게 한다.

부모의 사랑에 대한 아이의 믿음은 긍정적인 자아와 자신감 있는 성격을 형성해 줍니다. 공부를 잘하든 못하든, 칭찬을 받든 꾸중을 듣든, 우리의 아이들이 부모의 사랑을 의심치 않게 해주셔야 합니다.

② 좋은 부모는 아이들과 대화의 끈을 계속 유지한다.

대화는 아이들과 부모의 마음을 연결시켜주는 다리입니다. 대화가 통해야 자녀의 고민이나 문제를 알 수도 있고 해결해 줄 수도 있습니다. 대화할 때는 자녀의 처지에서 생각하고, 자녀의 입장을 충분히 존중해 주고, 부모의 의견 또한 솔직히 전달해 주어야 합니다.

③ 좋은 부모는 항상 칭찬을 아끼지 않는다.

칭찬은 아이들에게 잘하고자 하는 의욕을 북돋아 주며, 일과 공부에 대한 긍정적인 자세를 갖게 해줍니다. 좋은 부모는 칭찬의 기준을 다른 아이에게 두는 것이 아니라 아이 그 자체에 두어야 합니다.

④ 좋은 부모는 항상 솔직해야 한다.

일단 부모가 거짓말을 한다는 걸 알게 되면 아이들은 절대 부모를 믿으려 하지 않을 것입니다. 부모의 말에 권위와 믿음이 실리지 않기 때문입니다. 만일 이렇게 되면 그 순간부터 자녀 교육은 의미가 없어집니다.

⑤ 좋은 부모는 일의 결과보다는 과정을 중요시한다.

과정이 어떻든 결과가 좋으면 된다는 사고에서 벗어나야 합니다. 아무리 결과가 좋아도 과정이 올바르지 못하다면 그 결과는 아무 의미가 없음을 항상 지적해 줄 수 있어야 합니다.

⑥ 좋은 부모는 아이들에게 공부하라고 하기 전에 자신이 먼저

공부한다.

자녀의 교육은 말보다 행동으로 해야 효과가 있습니다. 진정으로 공부를 좋아하는 아이를 원하면 먼저 공부하면 자연스럽게 아이들도 공부하게 될 것입니다.

⑦ 좋은 부모는 자녀의 개성과 소질을 중요시한다.

모든 아이는 자기 나름대로 개성과 소질이 있고 능력 또한 다양합니다. 좋은 부모는 먼저 이런 개성과 능력의 다양성을 인정해야 하며, 이를 바탕으로 우리 아이들을 교육해야 합니다.

⑧ 좋은 부모는 자녀가 할 수 있는 일은 혼자 할 수 있게 해준다.

자기 일은 자기 스스로 처리하는 능력과 그 결과에 책임을 질 줄 아는 자세를 길러주어야 합니다. 독립심과 책임감은 갑자기 길러지는 것이 아니기 때문입니다. 아이들의 나이에 맞게 아이의 일은 아이에게 넘겨주어야 합니다.

⑨ 좋은 부모는 남과 더불어 산다는 의식을 갖게 한다.

같이 살면서 꼭해야 할 일과 해서는 안 되는 일을 알게 하는 것은 지식을 가르치는 것보다 훨씬 더 중요합니다. 남을 배려하지 않는 마음, 사소한 질서를 지키지 않는 자세는 살기 어려운 사회를 만들기 때문입니다.

끝으로 아이들에게도 어른들에게도 메시지를 주는 『가시 소년』
이라는 책 한 권을 소개합니다.

온몸이 가시투성이인 소년, 나쁜 말을 하고 선생님 말씀도 안 듣
는 소년, 온몸이 가시여서 아무도 다가오질 않아 외롭고 늘 혼자인
소년입니다. 하지만 그 소년의 마음만큼은 함께 놀고 싶고 사랑받
길 원하고 있습니다. 이 책의 마지막 부분에서 가시 소년이 가시를
벗고 해맑게 웃는 모습을 볼 수 있습니다.

요즘처럼 정서가 메마르고 차가운 사회분위기 속에서, 따스한
의사소통으로 긍정적 정서를 심어주는 좋은 책입니다.

의사자·의상자
유족에게
드리는 말씀

의사자·의상자라 함은 남녀 불문하고 직무 이외의 의로운 행동으로서 타인의 생명과 신체 또는 재산의 급박한 위해를 구제하다가 사상을 당한 경우에 정부가 지정하는 제도로서, 살인·강도·강간·절도·폭행·납치 등의 피해를 구제 또는 범인을 체포하다가 사상을 당한 경우, 자동차·열차·선박·항공기 등의 사고에 의한 사상자를 구제하다가 사상을 당한 경우, 기타 천재지변 등에 의한 사상자를 구제하다가 사상을 당한 경우를 일컫습니다.

이에 국가가 의사자·의상자 예우에 관한 법률에 따라 심사기준을 정하여 당시 상황이 '절체절명絕體絕命'의 위급상황이었는지의 여부를 중점적으로 검토하여, 부상을 당한 본인이나 사망자 유족에게 국가적 예우를 함으로써 사회정의 구현에 이바지한다는 목적으로 살신성인의 숭고한 희생정신을 기리고 있으며, 그 뜻을 영구히 존중하고 사회의 귀감이 되도록 하고 있습니다.

얼마 전 뉴스에서 39세의 한 젊은이가 밤 11시경 친구와 함께 고속도로를 운행하던 중 추돌 사고 현장을 목격하고 친구와 함께 사상자를 구조하다가, 후행하는 차량에 치여 어린 두 남매를 두고 친구와 함께 현장에서 사망하였다는 소식을 접하고, 같은 유족으로서 가슴이 미어지는 아픔을 느꼈습니다.

사회복지의 선진국이라고 할 수 있는 호주를 보면 전국의 약 400여 곳에 고충처리 종합센터 격인 센터링크Centre link가 있습니다. 이곳은 의사자 · 의상자를 보호해 주는 기관입니다. 일단 의사자 · 의상자로 지정을 받으면 본인과 유족에게 매월 국가가 연금을 지급하여 생활보장을 책임지는 것은 물론 정기적으로 각종 위로행사와 학자금 면제, 무료 건강검진을 시행하고 있다고 합니다. 또한, 각종 보육시설과 가족기능을 강화할 수 있는 공적인 최후의 안전망인 제도적 장치가 마련되어 있다고 합니다. 불과 200여 년 남짓한 짧은 역사를 가진 나라가 세계 최고의 복지정책으로 숭고한 희생정신에 대한 예우를 국가가 책임지고 있는 것입니다. 이 아름다운 나라를 보고 아직 우리나라는 크게 못 미친다는 사실을 알았습니다.

우리나라도 위에서 열거한 '의사자 · 의상자 예우에 관한 법률'에 따라 의사자 · 의상자가 지정되면 보상금과 교육보호, 장제보호,

취업보호 등이 이루어지고 있습니다. 그러나 일시에 지급되는 보상금 제도가 미약할 뿐만 아니라 교육보호나 장제보호, 취업보호 등은 그 구체성이 열거되지 않아서 실천 가능성이 매우 희박하다고 할 수 있습니다.

저희 유족의 경우 당시 신문과 TV 등 각종 언론매체를 통하여 수차에 걸쳐 보도된 후 서울 시장님이 직접 지시하여 의사자 상정을 관계기관에 요청하였음에도, 보건복지부의 의사자·의상자 심의위원회에서 심의 보류한 적이 있었습니다. 그뿐만 아니라 부부가 같은 장소에서 동일한 구조 활동을 하였음에도, 한 사람(부인)은 행위 자체가 미흡하다는 어처구니없는 행정처분을 내렸습니다. 이로 인한 유족의 고통은 말로 표현할 수가 없습니다.

타인과 사회의 안녕을 위하여 자신의 목숨을 희생한 고귀한 정신을 온 국민이 몸소 느끼고 체험하기에는 매우 부족한 현재의 예우에 관한 법률을 상향 조정하여, 의사자·의상자 본인과 유족의 뼈아픈 고통을 폭넓은 보상 제도를 통하여 위로의 근간이 될 수 있도록 조정함이 바람직하다고 생각합니다.

순국선열, 애국지사, 전몰군경 등 국가를 위하여 공헌하였거나 희생된 사람으로서 국가유공자로 지정된 경우 '국가 유공자를 사랑하는 모임'(국사모)이 구성되어 있어서, 모임구성 단체명으로 수시로 정부에 필요사항을 건의하거나 권리를 주장하여 '국가유공자 예우에 관한 규정'의 보상 범위 등이 의사자·의상자 예우에 관한 규정에 비교할 수 없을 정도로 향상된 수준임을 확인할 수 있었습니다.

의사자·의상자의 경우도 앞으로 모임이나 단체를 구성하여, 집약된 의견을 관계 당국에 건의할 수 있는 상설기구를 신설하여 대처하는 것이 좋을 것으로 생각됩니다.

타인의 생명이나 신체상의 급박한 위해를 헌신적으로 구제하다가 사상을 당한 의사자 영령들께 삼가 명복을 빌며, 유족에게 위로와 더불어 살신성인의 유업을 받들어 새 힘과 용기를 가지시라고 머리 숙여 기도드립니다.

추모비

설동월 의인을 추모하며!

아, 청사에 길이 남을 그 이름, 설동월 님께서는 서른세 살의 젊은 나이에 남아의 웅대한 꿈을 제대로 펼쳐보지도 못한 채 다시는 돌아올 수 없는 머나먼 길로 떠나셨습니다. 미래를 이끌어 갈 젊은이로서 당신에게 많은 기대를 걸었던 부모, 친족, 친구와 여러 친지들은 지난 2005년 2월 9일 고향을 찾아 부모님께 효도하고 귀가하는 길에 당신이 장렬하게 의롭게 목숨을 잃었다는 비보를 접하고 가슴이 미어지는 아픔을 차마 감당하기 어려웠습니다.

그러나 당신의 짧은 인생, 비록 당신의 육신은 한 줌의 흙이 되어 이승을 떠났지만 숭고한 영혼(넋)은 이 시대를 살아가는 젊은이들에게 큰 귀감이 되고 교훈이 되어 영원히 우리 곁에 남아 있을 것입니다.

당신의 의로운 희생은 국내는 물론 외국 언론에까지 보도되어 만천하에 알려지면서 수많은 국민이 아쉬워하며 당신 내외의 넋을 위로하고 칭송했습니다. 이러한 당신의 희생정신에 대하여 전 국민의 높은 평가에 힘입어 대한민국의 의사자로 추서되는 영예의 의사자인증서가 정부로부터 내려졌습니다.

　당신의 의로운 마지막 길에 당신을 돕다가 하늘나라로 동행한 영원한 반려자 이진숙 님의 고귀한 희생도 많은 사람이 한껏 높이 평가하며 머리 숙여 기리고 있습니다. 당신 부부 사이에서 태어난 단 하나의 혈육인 영환이는 그날의 사고현장에서 천우신조로 생존하여 유족들의 보살핌 속에 건강하게 성장하고 있습니다. 이후로는 당신의 아들 영환이가 당신이 못다 한 꿈을 기필코 이룰 수 있도록 많은 사람이 지켜나갈 것입니다.

　이제 이승에서의 모든 고뇌는 털어버리고 두 내외분께서 세상에서 못다 이룬 사랑을 함께 나누며 하늘나라에서 영원한 행복 누리소서.

2005년 10월 3일

의사자 유족, 순창군민, 재경 순창군 향우 일동

(추모비는 고인의 고향마을 입구에 세움)

고인이 남기고 간 영환이를 위해서 물심양면으로 후원하여 주신 여러분께 진심으로 감사드립니다.

기관 또는 개인	후원 내용
이명박 전 대통령	금일봉
아리랑 집	금일봉
청와대 권양숙 여사	금일봉
신안개발	금일봉
김근태 전 보건복지부장관	금일봉
기타 각 언론사	금일봉
조선일보사	금일봉
서울동부신문	금일봉
한국 야구르트 윤덕병 회장	장학금 증서
신안개발	금일봉
이명박 전 서울시장	의사자 추천 및 금일봉
둘둘치킨	금일봉
설명신(마산)	의류

기관 또는 개인	후원 내용
주양 쇼핑	금일봉
강동구청장	금일봉
월드 태국 마사지	금일봉
영환이 돕기 운동본부	금일봉
진도 식당	금일봉
손해보험협회 안공혁 회장	금일봉
민속 떡집	금일봉
설동월 친구 일동	금일봉
태성공업사	금일봉
설동월 일가친척 일동	금일봉
단군의 땅	금일봉
머리가 좋아지는 산소식품	금일봉
한겨레 초록마을	금일봉
원원 농수산	금일봉
어매집	금일봉
대원농산	금일봉
좋은 보람	금일봉

사건보도를 위하여 내용을 취재하여 널리 보도하여 주신 취재기자 님들께 감사드립니다.

구분	취재기자	보도횟수
전주연합뉴스	박 성 민	4
연합뉴스	최 재 구	5
조선일보	김 창 곤	4
중앙일보	장 대 석	5
동아일보	김 광 오	5
세계일보	박 찬 준	3
goodday시사		3
한겨레	정 대 하	4
매일경제		5
문화일보 · 한국경제 · 일간스포츠 · 한국일보 · 서울경제 오마이 뉴스 · 스포츠투데이 · 경남신문 · 국제신문		
경향신문	박 의 중	5
불교신문		4
국민일보	김 용 권	5
부산일보	권 일 준	5

보도 제목
30대 부부의 안타까운 죽음 등
30대 부부 애석한 죽음에 잇단 추모글 등
사고 운전자 구하려다 뒤 차에 치여 등
설날 빙판길 사고 차 돕다 뒤 차에 참변 등
30대 부부의 살신성인 등
살신성인 30대 부부 추모글 잇따라
남 돕다 숨진 30대 부부
빙판길 30대 부부 안타까운 죽음
30대 부부 안타까운 죽음
설 교통사고 참변 부부 뒤늦게 '살신성인'으로
30대 부부 안타까운 죽음
일찍 떠난 착한 사람들

※기타 TV 뉴스 및 인터넷 매체를 통하여 수차례 보도

〈모교 책 보내기 운동〉

대한민국의 뿌리, 대한민국의 미래 **청소년·청년**들에게 **책**을 보내주세요.

많은 학교의 도서관이 가난해지고 있습니다. 그만큼 많은 학생들의 마음 또한 가난해지고 있습니다. 학교 도서관에는 색이 바래고 찢어진 책들이 나뒹굽니다. 더럽고 먼지만 앉은 책을 과연 누가 읽고 싶어 할까요? 게임과 스마트폰에 중독된 초·중고생들. 입시의 문턱 앞에서 문제집에만 매달리는 고등학생들. 험난한 취업 준비에 책 읽을 시간조차 없는 대학생들. 아무런 꿈도 없이 정해진 길을 따라서만 가는 젊은이들이 과연 대한민국을 이끌 수 있을까요?

한 권의 책은 한 사람의 인생을 바꾸는 힘을 가지고 있습니다. 한 사람의 인생이 바뀌면 한 나라의 국운이 바뀝니다. **저희 행복에너지에서는 베스트셀러와 각종 기관에서 우수도서로 선정된 도서를 중심으로 〈모교 책 보내기 운동〉을 펼치고 있습니다.** 대한민국의 미래, 젊은이들에게 좋은 책을 보내주십시오. 독자 여러분의 자랑스러운 모교에 보내진 한 권의 책은 더 크게 성장할 대한민국의 발판이 될 것입니다.

도서출판 행복에너지를 성원해주시는 독자 여러분의 많은 관심과 참여 부탁드리겠습니다.

하루 7분 기적의 글쓰기

김병규 지음 | 256쪽 | 값 15,000원

내 인생과는 전혀 상관이 없을 것 같았던 일들이 느닷없이 행복 혹은 불행으로 다가온다. 그렇다면 '글쓰기'는 분명 행복에 가까운 쪽일 것이다. 하루 5분은 즐거운 마음으로 이 책을 읽고 2분은 자신만의 유쾌한 글을 쓴다면 말이다. 『하루 7분 기적의 글쓰기』의 첫 장을 펼침과 동시에 어제보다 행복해진 오늘을 맞이해 보자.

소마지성

라사 카파로 지음 · 최광석 옮김 | 368쪽 | 값 25,000원

전 세계에 불어닥친 '자가치유' 열풍은 국내에서도 각계의 주목을 받고 있다. 지난해에는 24년 만에 국내에 정식으로 소개된 『소마틱스』가 많은 독자들의 사랑을 받으며 '자가치유' 열기가 일시적인 유행이 아님을 증명했다. 『소마지성을 깨워라』는 '소마틱스 영역의 최신 이론'에 목말랐던 독자들에게 한층 진보된 방법론을 제시한다.

얌마! 너만 공부하나

김재규 지음 | 280쪽 | 값 15,000원

'시험 공화국' 대한민국에서 '공부로 성공'하는 법! 최고 합격률, 최다 수험생으로 매일 공무원 학원가의 신화를 새로 쓰는 김재규경찰학원 원장의 번외 강의 '정말 미치도록 즐겁게 공부하기' 자신의 꿈을 향해 나아가는 이 순간, 기왕 해야 할 거, 즐겁게 공부를 하고 싶다면 당장 『얌마! 너만 공부하냐』의 첫 페이지를 펼쳐 보자.

열정은 배신하지 않는다

김의식 지음 · 이준호 엮음 | 272쪽 | 값 15,000원

과연 대한민국의 대학교는 우리 젊은이들에게 지성과 밝은 미래의 산실이 되어 줄 수 있는가? 구태에서 벗어나 현실적이면서도 획기적인 방식으로 학생들을 지도하는 Yes Kim의 강의에 그 답이 있다. 듣는 것만으로도 가슴을 뛰게 하는, 그 열정을 행동으로 이끄는 수업에 귀 기울여 보자.

미국으로 간 허준

유화승 지음 | 304쪽 | 값 15,000원

동양의학 최고 암 전문의 유화승 교수는 '암을 정복한다'는 신념 하나만으로 서양 최고의 암센터 엠디앤더슨을 찾는다. 그가 들려주는 이야기는 이 시대, 암으로 고통 받는 모든 환자들에게 한 줄기 희망을 선사한다. 또한 희망만으로 그치는 것이 아닌, 현실로 다가오는 암 정복기가 첫 페이지에서부터 시작된다.

나는 기적을 믿지 않는다

구건서 지음 | 304쪽 | 값 15,000원

Keep Looking, Don't Settle!
힐링을 끝마쳤다면 지금 당장 '스탠딩' 하라! 아시아 최고의 노무사이자 대한민국 최고의 명강사 구건서가 전하는 당신의 무기력한 삶을 성공으로 이끌 Success Navigatorship, 그 8가지 키워드!
우리의 삶 매 순간이 '기적'이었음을 두 눈으로 똑똑히 목격하자.

잘나가는 공무원은 무엇이 다른가Ⅱ

정상덕 지음 | 296쪽 | 값 15,000원

대한민국의 21세기 新 목민심서로 주목받는 『잘나가는 공무원 무엇이 다른가』 그 두 번째 이야기. 국민에게 봉사한다는 심정으로 평생 공직에 몸을 담아온 정상덕 전 국장의 36년 공직생활, 그 '치열한' 현장의 '생생한' 연대기.
대한민국에서 성공한 공무원으로 사는 법은 무엇인지 귀 기울여 보자.

잘나가는 공무원은 무엇이 다른가Ⅲ

강영두 지음 | 292쪽 | 값 15,000원

21세기 대한민국 사회를 주도하게 될 공무원들을 위한 신 목민심서.
'공무원은 나라의 대표선수다.' 21세기 무한경쟁시대에 대처하는 공무원의 자세. 나라를 대표한다는 마음가짐으로 경쟁에서 살아남아야 한다. 긍정적 자세와 무한한 열정을 통해 대한민국 대표 공무원이 된 강영두 전 국장의 말단에서 국장까지!

사랑의 택시 인생극장

백중선 지음 | 288쪽 | 값 15,000원

한 번만 승차하면 삶이 행복해지는 '사랑의 택시'가 있다?
어제보다 행복한 오늘을 꿈꾸는 택시기사와 손님이 함께 만드는 공감 스토리! 평범하지만 우리의 인생은 충분히 위대하다는 것. 어제보다 조금 더 행복한 오늘을 살고 싶은 독자라면 『사랑의 택시 인생극장』을 통해 그 사실을 꼭 확인할 수 있을 것이다.

인생 네 멋대로 그려라

이원종 지음 | 336쪽 | 값 15,000원

내 인생은 남이 그려 주지 못한다. 내가 그려야 한다. 내가 하고 싶고 나만이 할 수 있는, 독특한 내 멋대로의 인생을 그려 가야 한다. 이왕이면 대작, 천하를 호령하는 걸작을 그려 가야 하지 않겠는가? 자신이 느끼고 체험했던 사실들이 인생의 초행길을 가는 젊은이들에게 자그마한 등불이 되길 바라는 저자의 마음을 느껴보자.